JN302402

ペーパー建築模型

東京都庁舎

縮尺=1/1000

［監修・文］丹下健三・都市・建築設計研究所　［模型構成］光武利将

集文社

東京都庁舎　（解説・丹下憲孝）

1　超高層ビル

　世界に類のない大都市の庁舎である東京都庁舎は、敷地面積４万２９４０㎡、建築面積２万７５００㎡、延べ床面積３８万１０００㎡、収容人員１万３０００人となる国内最大級の複合超高層ビルである。高さは、２４３ｍ、地下３階・地上４８階（第１庁舎）と、横浜ランドマークタワーの６７階・２９６ｍ、大阪ワールドトレードセンタービルの５５階・２５６ｍと並ぶ高さを誇っている。

　今では４００ｍ級の高さが存在する超高層ビルの歴史は、古くは１００ｍほどの教会建築などの建物からはじまり、現代の超高層ビルの歴史おいては、特に２０世紀初頭のアメリカから始まった。摩天楼という言葉に代表されるように、まさに社会発展の象徴、また人々のあこがれとして、建設技術の発展と企業のグローバル化に伴い、世界各国に建設されるようになった。

　日本の超高層ビルの歴史は、１９６０年代初頭にはじまる。長い間、地震国日本では、高さ３１ｍ以上のビルは建設不可能といわれてきたが、建築構造の権威である故武藤清東京大学教授の「柔構造理論」により、技術的に可能となり、日本初の超高層である霞ヶ関ビル（高さ１４７ｍ、３６階建て）が１９６８年に完成した。

　現在、我が国の超高層ビルは、すでに安定した技術の水準に達しており、新宿の超高層ビル群を代表に、１５０ｍから３００ｍのビルが各地に建設され、形態も個性のあるものになってきている。しかしながら東京都庁舎設計当時は、技術力の進化に伴い、超高層ビルの計画手法も画一化されはじめ、「単なる巨大な箱」となりがちであった。

規模表	第一本庁社	第二本庁社	議会議事堂
延床面積	195,567.27㎡	139,949.78㎡	44,986.70㎡
階　数	地上48階 地下　3階	地上34階 地下　3階	地上7階 地下1階
高　さ	243m	163m	41m

2　東京都庁舎

　新都庁舎の建設に際し、１９８６年、東京都は基本計画案を指名設計競技方式により選考を行い、我々、丹下健三・都市・建築設計研究所の案が採用となった。

　我々は、東京都庁舎を設計するにあたり、超高層ビルにありがちな「単なる巨大な箱」であることに満足できないものがあると考えた。"発展する東京の自治と文化"のシンボ

ルとなり、"ふるさと東京"のシンボルとなり、また"国際都市東京"のシンボルともなることを目標とした。ここでは、シンボル性を強調すると同時に、行政機能の近代化に向かってＩＴ化を進めていくための柱のないフレキシブルな空間、一方、その機械化を補完する人間的な空間を提案した。さらに周辺との調和を保ちながらも、その中での独自性をもつことの必要などから、多くの課題に対しての挑戦を行った。

我々の設計過程で、特に留意したいくつかの点について以下に簡略に説明する。

配置

東京都庁舎の建設地については、１９８５年に「東京都庁の位置を定める条例」が都議会で可決され、新宿地区に行政機能を中心とした、本庁舎、都議会議事堂、広場が置かれることが最終的に決定した。

都庁舎の敷地は、新宿副都心の９ブロックのうち３つを占めている。この３つの敷地をどう使うか。その中でも副都心の中心となり、新宿駅からの玄関口となる５号地を、人の流れの求心点としてシンボリックに扱いたいという考えから、広場を設けることとなった。

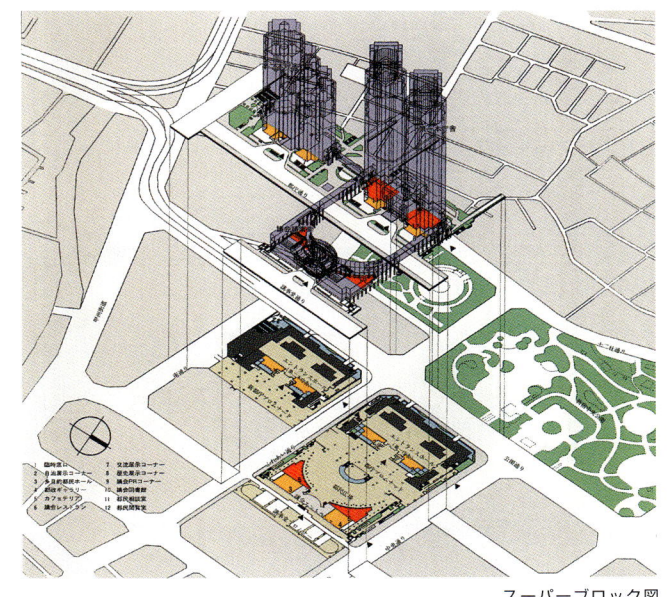

スーパーブロック図

都議会議事堂は容積が小さく、高さがあまり大きくならずにすむため、その広場を囲むような形で５号地に議事堂を設け、広場の正面の４号地には最大容積をもつ第１庁舎を、その隣の１号地には第２庁舎を配置した。

形態

２５０ｍを越えないようにという新宿副都心協議会との申し合わせや、第１庁舎が約１９万㎥と非常に容積が大きくなることから、およそ幅１１０ｍ、高さ２４０ｍの巨大な板状の建築が広場の前に建ってしまうことになり、息苦しさを感じた。そこで、周囲の１５０ｍくらいの高さの超高層ビルがいくつかあることを考慮して、第１庁舎もその高さから上を２つに分け、双塔とすることにした。こうすることにより息が抜け、圧迫感が避けられると同時に、空へ向かってそびえ立つ、垂直性をイメージした。

第２庁舎のスカイラインは、当初は水平だったが、検討を重ねるうちに、第１庁舎に向けて階段状に低くなっていく形となった。こうすることで都民広場に向かう動きを感じさせ、かつ両庁舎の一体感を生むことを意図した。

立面

　行政棟の形状は、彫りの深い石貼りの基壇の上に比較的プレーンな中間部が立ち上がり、その上に４５度ひねられた頂部が載る。細かく刻み込まれたデザインは、垂直性を強調したものである。これは「外部から見た感じとして、１つには彫りの深さを強調したかった。太陽が動くにしたがい陰が移動し、建物に深みが見えてくる。こういうことは、人の心に訴える建築をつくるうえで、非常に大切だ」（丹下健三）という考えからだ。この複雑な造形は、さらに細かなパターンに覆われた表皮をもつ。この外壁のデザインは、日本の伝統的開口部の扱いと、集積回路のイメージとを重ね合わせて生まれたものである。

　外壁は、濃淡２種の花崗岩を使用している。立面は、江戸時代の町屋の写真やそれを線画で書いた立面図、天井伏せや床伏せなど、様々な図面を集め、幾度となく検討を行った。

　ヨーロッパの建築は、壁があってそれに穴をあけると窓になるが、日本の建築は基本的には柱と梁、時にはそれに長押が付き、障子やふすま、縦横の桟とか格子などが集まり１つの面が構成されている。つまり縦横のスペースの分割によって多様な面をつくるという方法をもっている。こうした日本の伝統的開口部の要素を立面のデザインを取り入れ、いろいろと数多くの討議を重ねた。そうしてデザインを進めているうちに、エレクトロニクスの回路に似た雰囲気をもっていることに気づいた。そのころから、江戸という伝統的なモチーフと、集積回路に見られるような新しい表現をリンクさせて考えていくことになった。またその集積回路のイメージは、立面だけではなく、内部空間の各所にも現れ、建物全体を印象づけている。

壁面の写真

構造

　構造計画に当たって、建築計画の要望は、ＩＴ化に対応できる柱のないフレキシブルな事務空間の実現、周囲との調和を保ちながらもその中でシンボル性、独自性をもつと同時に防災拠点としての安全性をもつものにしたいということであった。具体的に２０ｍ×１００ｍの無柱空間を通常の梁せい、階高の超高層ビルとして実現すること、上層部に行くにしたがって外形を変化させていくこと、中間階にアメニティ性の高い空間（食堂、厚生

施設など）を設けることなど、従来の箱型超高層ビルとは違った構造的解決が求められた。そこで先にも述べた、我が国の超高層ビルの生みの親である故武藤清氏に構造計画を依頼した。

　第１および第２庁舎は、それぞれ地上２４３ｍ、１６３ｍの高さを誇る、スレンダーな形態の超高層ビルである。ともにスーパーストラクチャーと呼ぶ構形式が採用された。

　スーパーストラクチャーとは、簡単に言えば、部材を集積して１本の大きな柱、梁を構成し、それで大きな架構を組んだ構造のことである。耐震要素を集約しているため、超高層でも吹抜やロングスパンの空間をつくれるという特徴をもつ。

架構CAD図

機能

　１９８４年、東京都は、新都庁舎の機能として、東京の自治の中枢としての行政機能、東京文化と伝統を継承し発展させる文化機能、都民に開かれた交流の場としての広場機能、市民レベル、都市レベルでの国際交流機能、高度情報化社会に対応する情報センター機能、災害時に迅速に対処する防災センター機能をもつ必要があるとした。

第１、第２庁舎

　第１本庁舎には、知事部局と呼ばれるセクションと各行政委員会、そして、都政情報センター、広域防災センター、知事室などが配置されている。

　４５階の展望室は、南・北タワーの双方にあり、それぞれ２台の直通エレベーターによって都民に開放されていて、四方に開かれたこの展望室から東京中を見渡すことができる。

　南・北タワーをつなぐレベルにある３２階には９００席の職員食堂があり、売店も設けられている。２５階・１６階はエレベーターシステムの乗り換え階であると同時に、スーパーストラクチャーのトラス階である。ここには職員の共用施設、あるいは厚生施設が置かれ、利用の便を図っている。

　８階・９階には災害対策本部、指令情報室などを備える東京都防災センターが配置され、建物上部のシリンダー部分に取り付けられたパラボナアンテナなどから、情報を収集し、

分析指示を行う。

　都民に開かれた庁舎として、空中回廊で結ばれアクセスしやすい３階に都民情報ルーム、都民相談室が置かれている。同様に１階、２階では、書店、健康情報館や展示ホールなどが設置され、都民が利用しやすい開かれた空間となっている。

　第２庁舎には公営企業体を営む現業部門が収容されている。３３階には職員の厚生のための体育室、エレベーターシステムの乗り換え階である１７階には、診療所、厚生諸室、同様の１０階は会議室階となっている。１階には第１庁舎同様、多く都民に開かれたスペースとなっている。

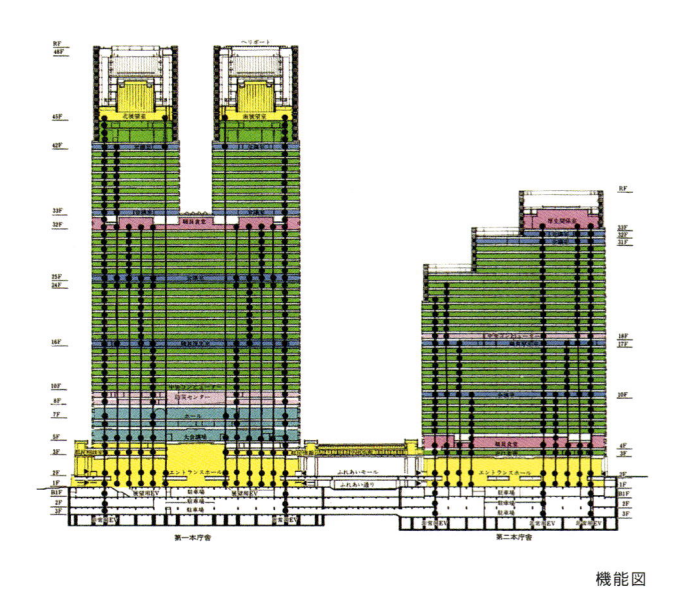

機能図

議会議事堂

　議会議事堂の最上部に位置し、外観からも楕円形のアルミパネルで区別される本会議上は、周囲をスカイライト（天窓）からの外光を取り入れた光天井と、アルミパイプによる吸音壁に囲まれた楕円形ドームを上部に頂いた集中性の高い大空間である。１２８名の議員席、理事者席、事務局席を６階に、３３９席の傍聴席、記者席、通訳ブース、記整室、見学者用スペースを７階にもつ。１階には、シンポジウムやコンサート、演劇など多様な催しに対応できる都民ホールが置かれ、都政ギャラリーではパネルなどを用いてその時々のタイムリーな都政情報を提供している。

都民広場

　周囲を２００ｍクラスの超高層ビルに取り囲まれたこの広場は、世界的に見ても類のない都市的でアーバニティの高い広場となっている。広場は議会議事堂のコロネードによって半楕円形に囲まれている。広場全体は、中央に設けられたステージに向かってゆるやかな勾配がつけられ、ステージへの求心性を強めている。ステージでは、各種のコンサート、イベント、パフォーマンスが繰り広げられ、人々の交流はこの広場全体にひろがる。

3　ペーパー建築模型で感じる東京都庁舎

　今回、ペーパー建築模型シリーズから東京都庁舎が出版されたことに私は、2つの大きな意義を感じる。

　1つに、現在我々は、IT時代の恩恵として先端技術の集結であるコンピュータを媒体に、より正確な2次元情報を簡単に手に入れることができ、TVゲームやコンピュータグラフィックスなどでリアルなバーチャル体験をすることができる。一方で、この一見旧態依然に思われがちなペーパー建築模型は、実は、コンピュータよりもリアルな3次元の感覚を味わえさせてくれるものなのである。自らの手でこの東京都庁舎を立体につくり上げるという行為は、指先から多くの情報を吸収し、設計者の意図、建設技術、施工者の努力を直接感じ取ることができ、それが発見や感動を生みだすと同時に、新たな発想の源となりえるのである。

　2つに、ペーパー建築模型版東京都庁舎が、我々が本当に目指し、思い描いていた都庁舎の姿を、ペーパー模型ならではの表現で再現しているということである。我々の建築設計事務所では建物を設計する際、多くのスタディー模型を制作し、建築デザインを検討している。この都庁舎も例外ではない。何百という模型の中から、あの型が生まれたのである。いわばペーパー建築模型は都庁舎のデザイン原点であると同時に、我々の考えをそのまま凝縮した代弁者であると言えるのではないだろうか。

　製作者の皆様には、模型づくりを楽しみながら、以上に述べた我々の東京都庁舎への思いを少しでも感じ取っていただければ幸いである。

　今回このような機会を与えて下さった、出版社の方々に感謝申し上げます。

組み立て方解説

ペーパー建築模型/東京都庁舎

1 組み立てについて

- シートNo.1からシートNo.16の部品を、丁寧に切りはなして組み立てます。
- ○内の数字が部品番号です。組み立て方解説と照らし合わせて作業します。
- 順番通りに組み立てないと、作業しづらい部分もあります。
  組み立て方解説を通し読みして、作業の流れを把握してください。
- 部品は、のりづけする前に一度仮組をして、取り付け位置や形状を確認してください。
- この模型は、複数の部品の構成で完成します。小さな歪みやズレが完成精度に大きく影響します。
  ひとつひとつ丁寧に、正確に組み立ててください。

2 用意するもの

- はさみ
- 定規（スチール製のものが良いでしょう）
- 鉄筆や千枚通しなど、先の尖ったもの
- カッターナイフ
- アートナイフ（刃先の尖ったナイフ）
- 接着剤（セメダインやGクリアーなど、水分を含まないもので速乾性のものが良いでしょう）
- ピンセット（細かい部品を押さえたり、つまんだりします）
- 爪楊枝（接着剤を付けるのに使用します）

3 切る

- 直線は、定規とカッターを使って切り取ってください。
- 曲線は、はさみやアートナイフで切り取ります。
- 巻末のボール紙をカッターナイフの下敷きとして使用できます。

4 折る

- 折り線は鉄筆や千枚通しなど、先の尖ったものでなぞり押し型を付けます。
- 押し型の作業は、部品を切り離す前に行うと正確に作業できます。

5 曲げる

- 曲面は、編み棒や鉛筆などの丸いものに巻き付けたり、机の角などで扱きます。

6 貼る

- 接着剤は爪楊枝などを使って、薄く均一にのばします。
  大きなのりしろの接着は、少しのズレが大きな歪みに発展します。
  部品の各面の水平垂直に注意しながら、正確に位置取りしてのりづけします。

7 組み立て記号

- 組み立て記号にしたがって、各部品の切り取りや折り曲げの作業を行ってください。

———	切り取り線（太い実線）	- - - - - - - -	山折り線　（点線）
✂	切り抜く部分	— — — — —	谷折り線　（一点鎖線）

第一本庁舎の組み立て -1-

A　　　　　　　　　　使用部品 ① ② ③ ④ ⑤ ⑥ ⑦ ⑧ ⑨ ⑩ ⑪ ⑫ ⑬ ⑭ ⑮ ⑯

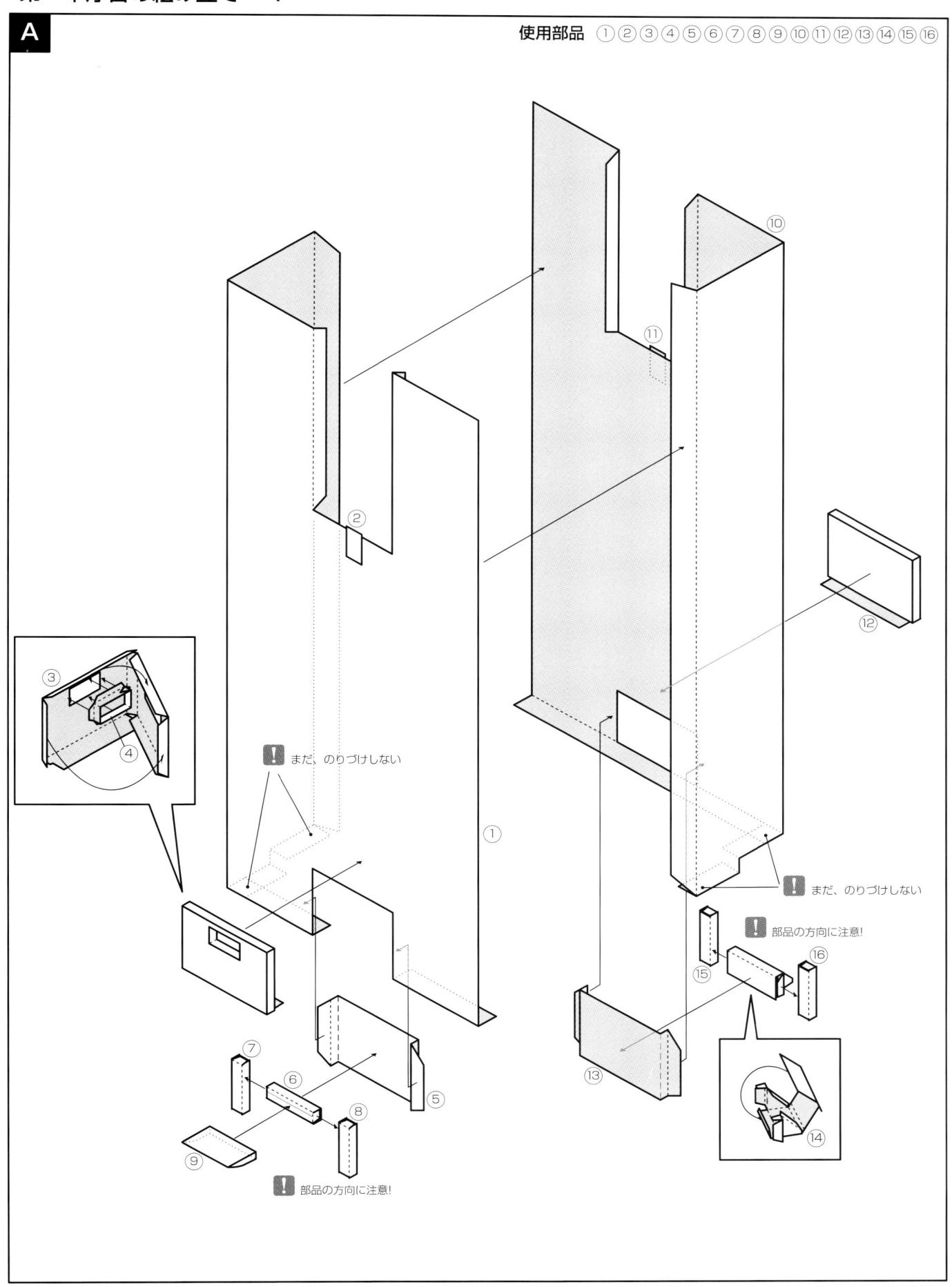

⚠ まだ、のりづけしない

⚠ まだ、のりづけしない

⚠ 部品の方向に注意!

⚠ 部品の方向に注意!

第一本庁舎の組み立て -2-

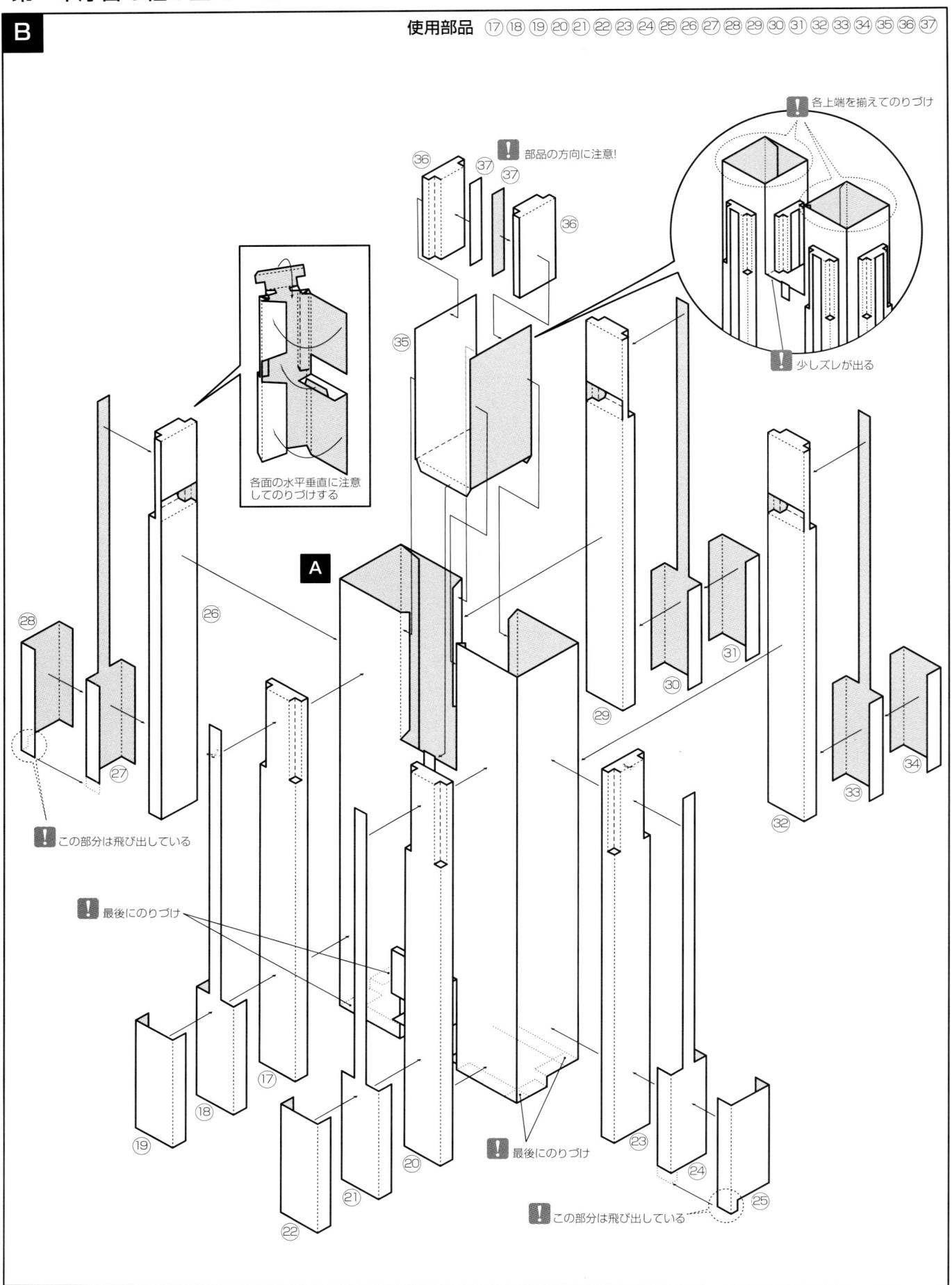

B　　　　使用部品 ⑰⑱⑲⑳㉑㉒㉓㉔㉕㉖㉗㉘㉙㉚㉛㉜㉝㉞㉟㊱㊲

！各上端を揃えてのりづけ

！部品の方向に注意!

！少しズレが出る

！各面の水平垂直に注意してのりづけする

！この部分は飛び出している

！最後にのりづけ

！最後にのりづけ

！この部分は飛び出している

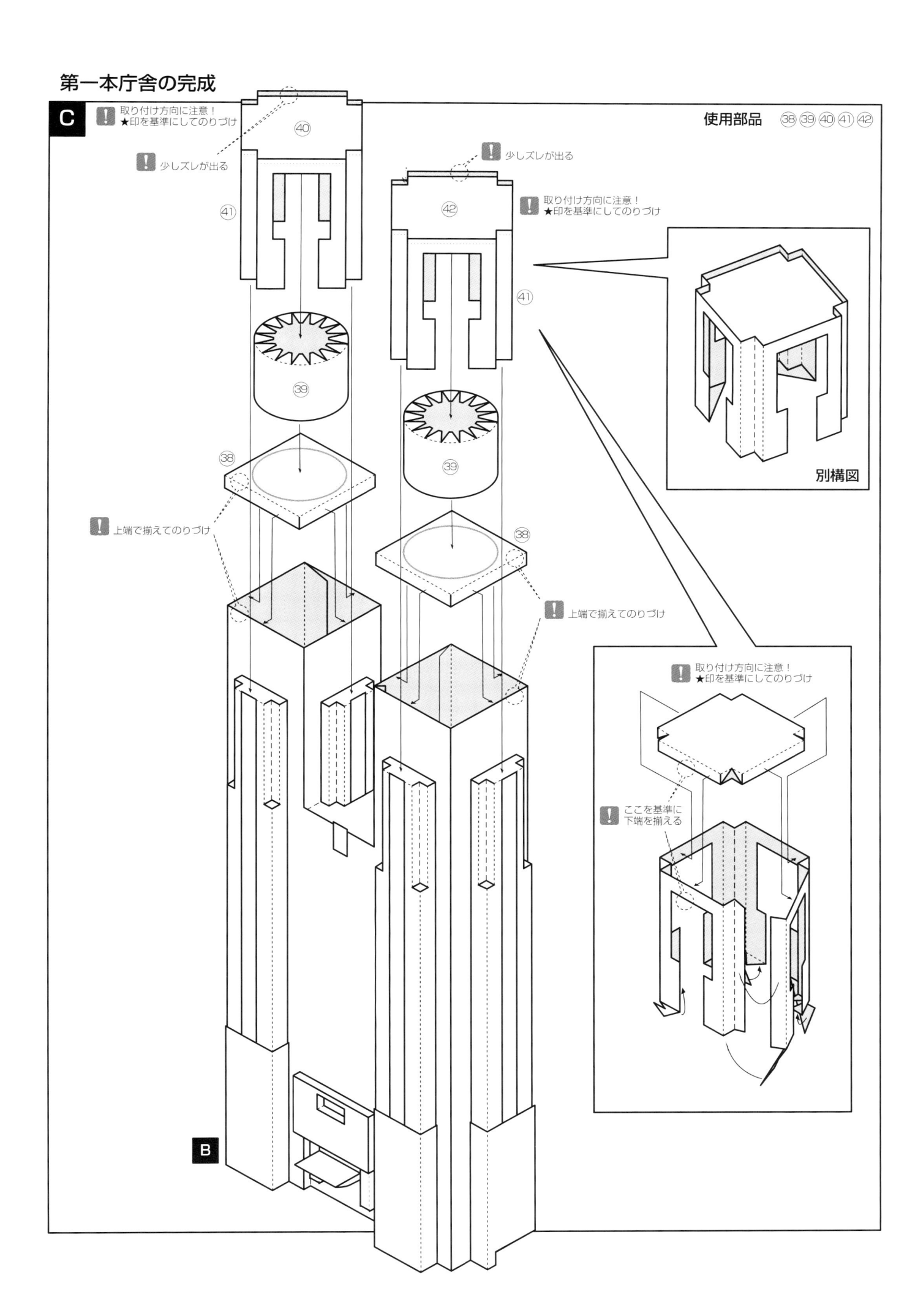

第一本庁舎の完成

C

使用部品 ㊳ ㊴ ㊵ ㊶ ㊷

- 取り付け方向に注意！
  ★印を基準にしてのりづけ
- 少しズレが出る
- 少しズレが出る
- 取り付け方向に注意！
  ★印を基準にしてのりづけ
- 上端で揃えてのりづけ
- 上端で揃えてのりづけ
- 取り付け方向に注意！
  ★印を基準にしてのりづけ
- ここを基準に下端を揃える

別構図

B

完 成 写 真

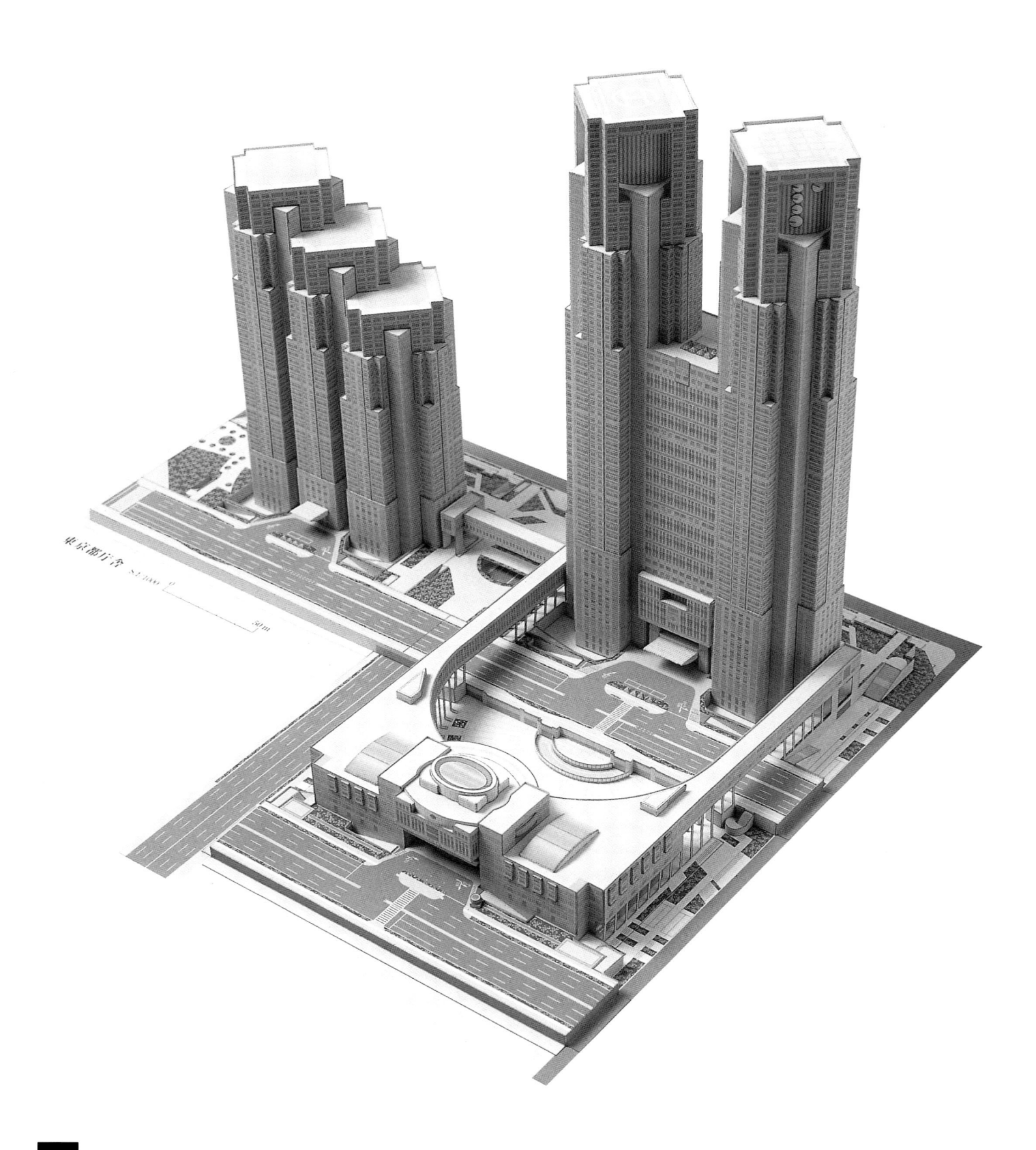

ペーパー建築模型/東京都庁舎

1 正面右

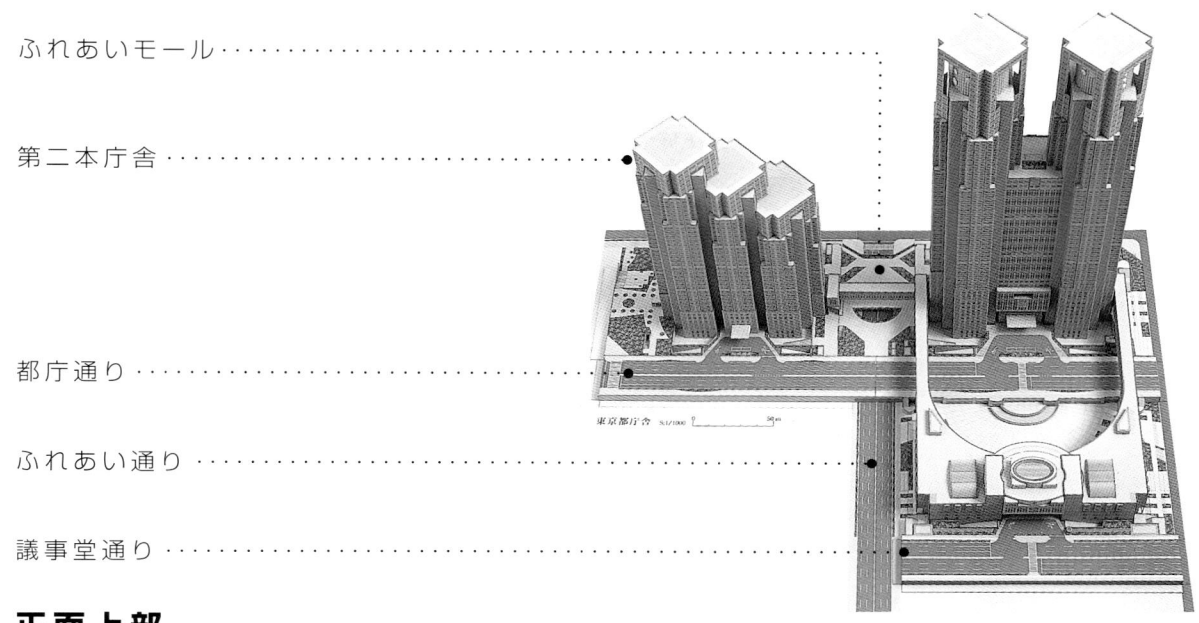

ふれあいモール
第二本庁舎
都庁通り
ふれあい通り
議事堂通り

2 正面上部

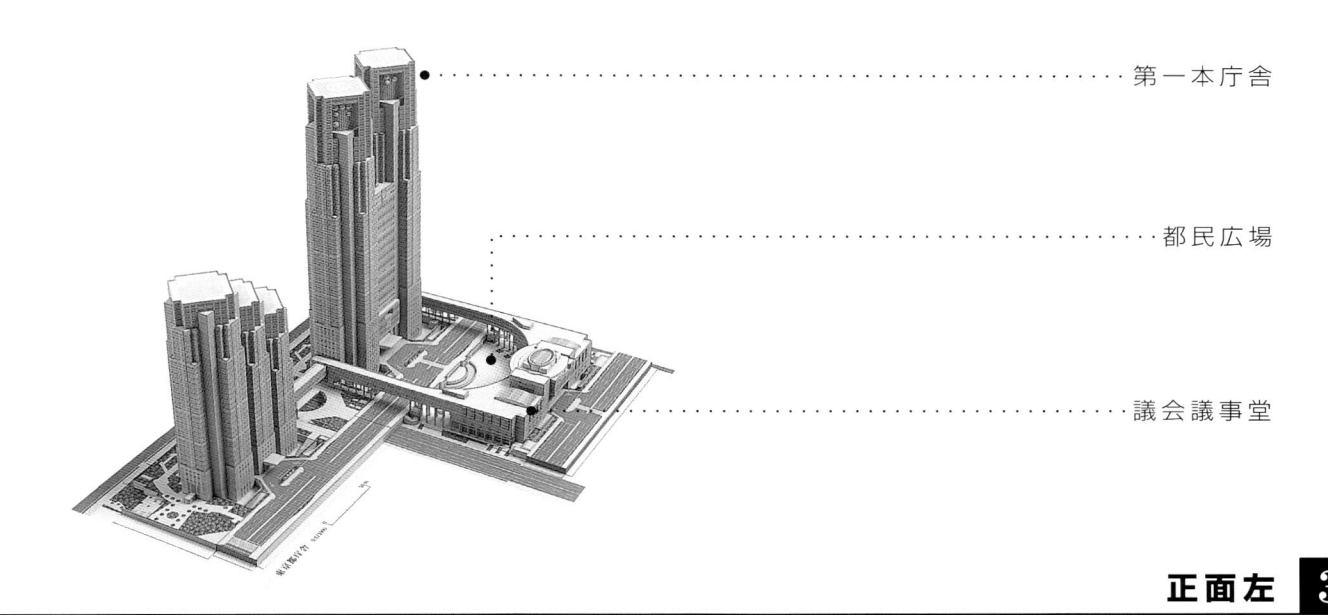

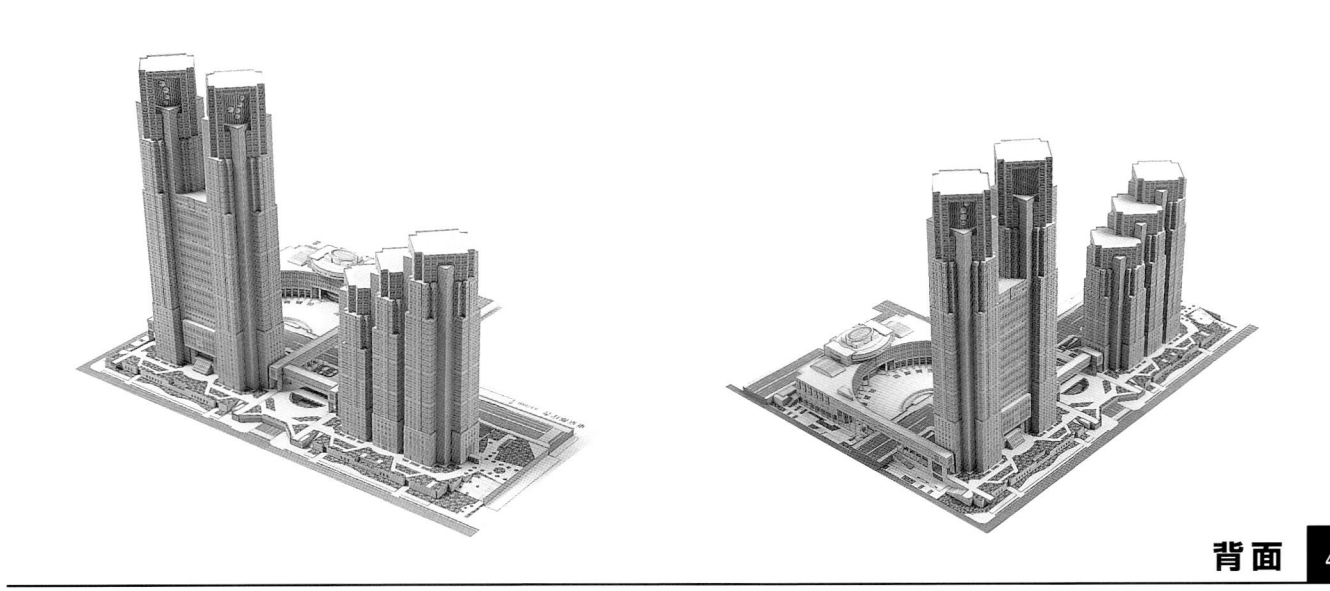

第一本庁舎
都民広場
議会議事堂

正面左 3

背面 4

第二本庁舎の組み立て -1-

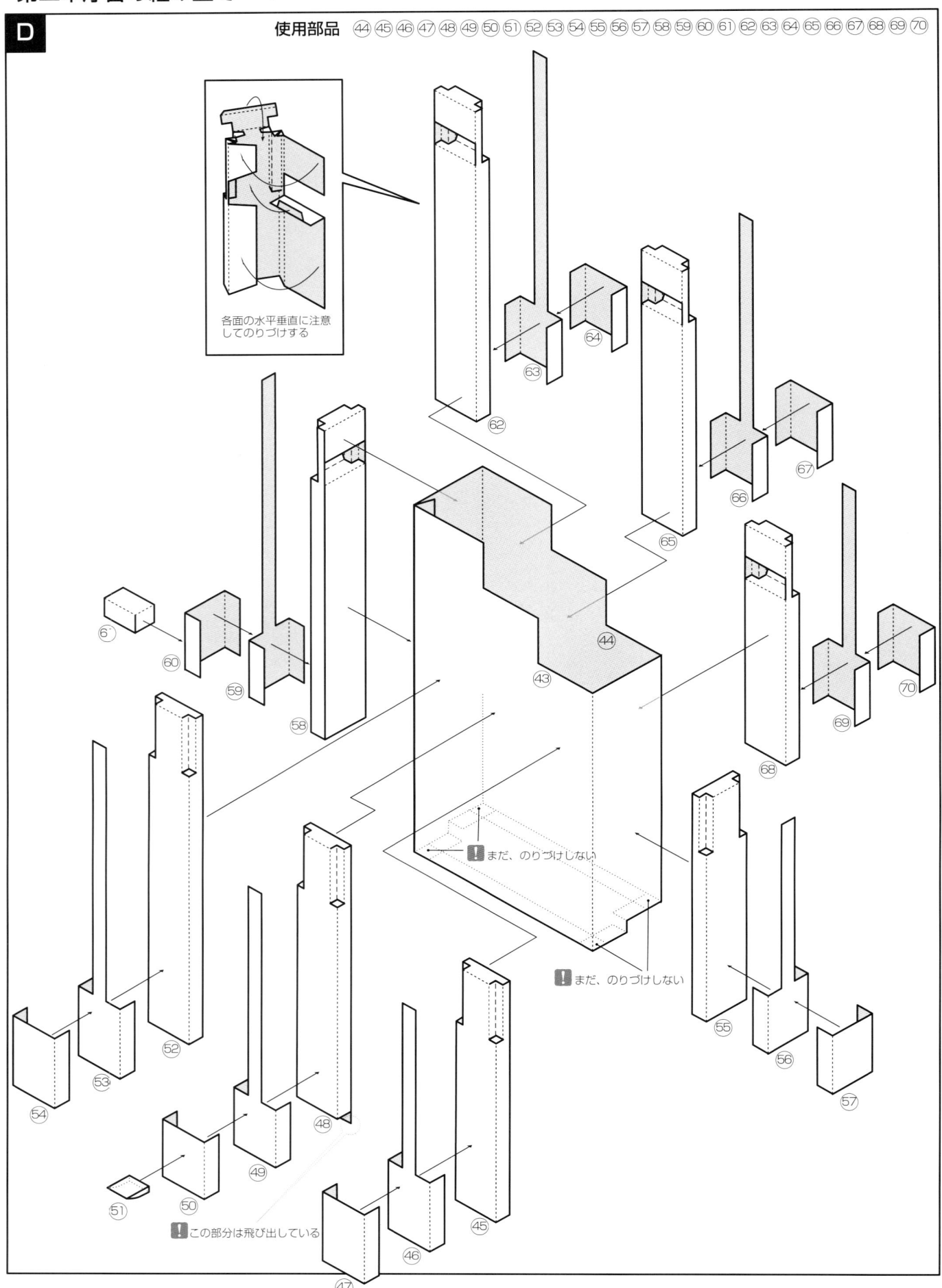

D

使用部品 ㊹㊺㊻㊼㊽㊾㊿㉛㉜㉝㊱㊲㊳㊴㊵㊶㊷㊸㊹㊺㊻㊼㊽㊾㊿

各面の水平垂直に注意してのりづけする

⚠ まだ、のりづけしない

⚠ まだ、のりづけしない

⚠ この部分は飛び出している

第二本庁舎の組み立て -2-

E　　　　　　　　　　　　　　　　　　　　　　　　　　　使用部品　㉛ ㊆ ㊂ ㊃ ㊄

⚠ 各段、上端で揃えてのりづけ

⚠ 各段、上端で揃えてのりづけ

最後にのりづけ

最後にのりづけ

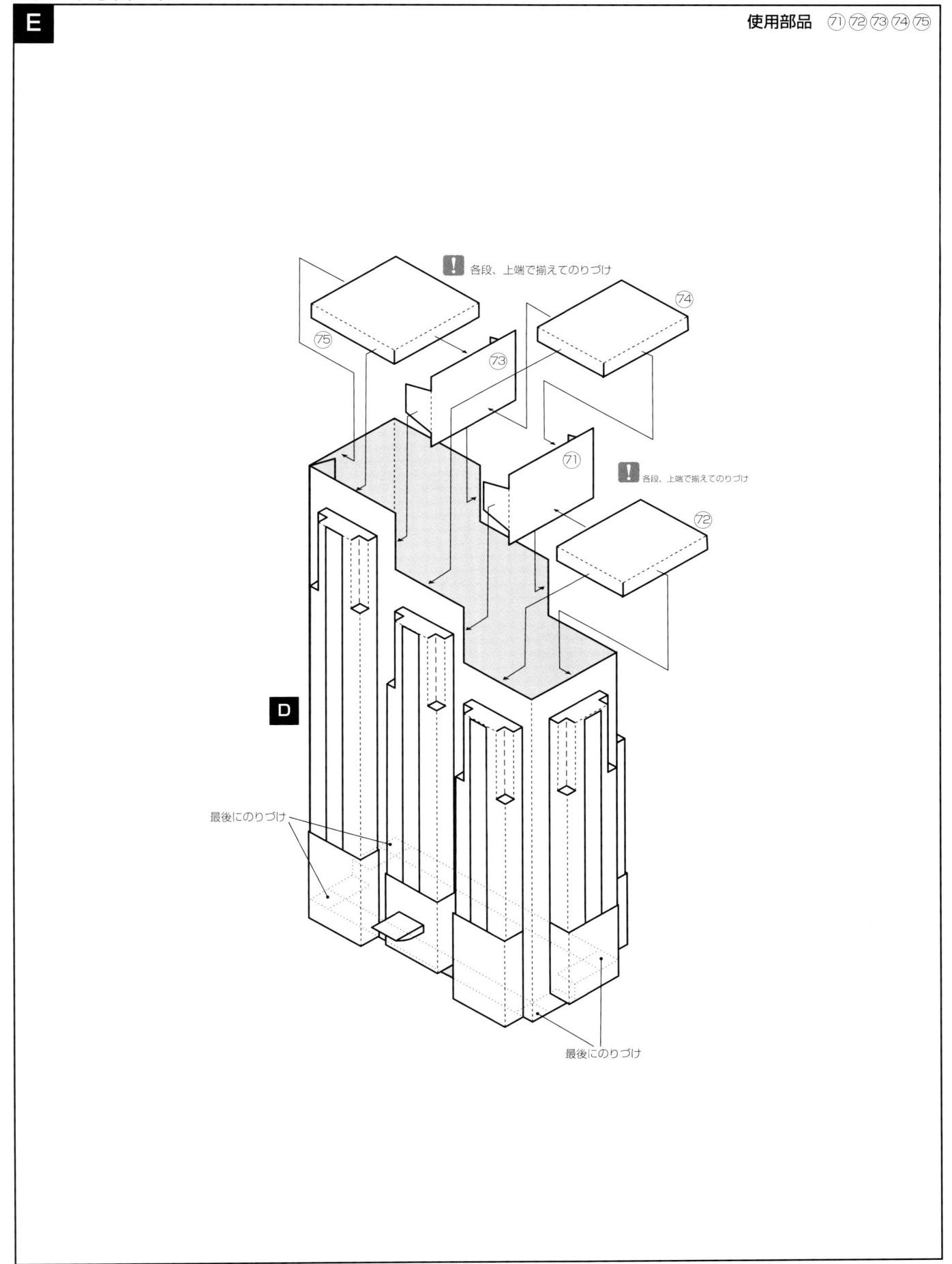

D

第二本庁舎の完成

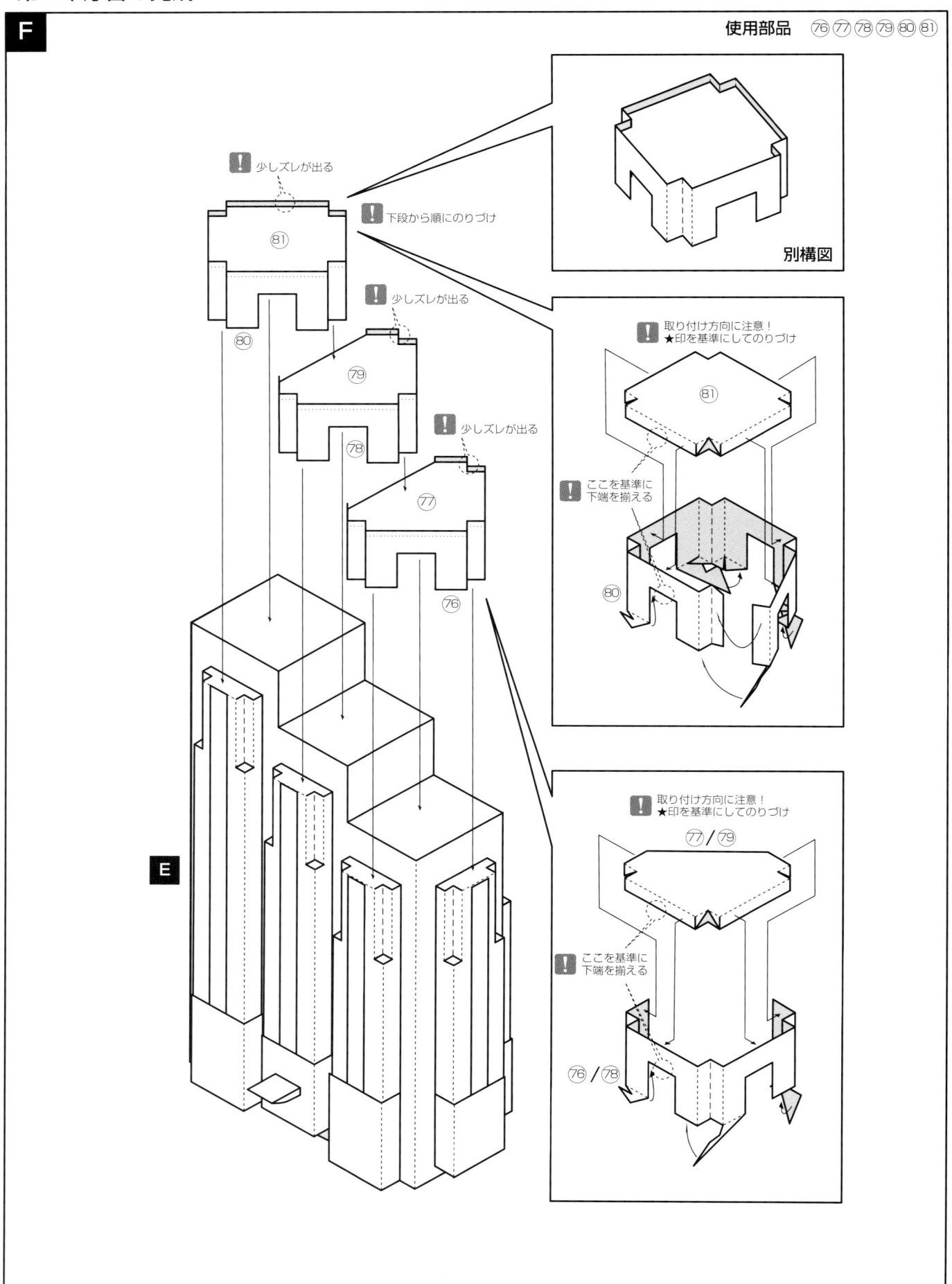

F

使用部品 ㊻ ㊼ ㊽ ㊾ ㊿ ㊿

別構図

- ⚠ 少しズレが出る
- ⚠ 下段から順にのりづけ
- ⚠ 少しズレが出る
- ⚠ 少しズレが出る

㊿ ㊿ ㊿ ㊿ ㊿ ㊻

- ⚠ 取り付け方向に注意！
  ★印を基準にしてのりづけ
- ⚠ ここを基準に下端を揃える

㊿ / ㊾

- ⚠ 取り付け方向に注意！
  ★印を基準にしてのりづけ
- ⚠ ここを基準に下端を揃える

㊼ / ㊾

㊻ / ㊽

E

16

議会議事堂の組み立て -1-

G

使用部品 ⑧②⑧③⑧④⑧⑤⑧⑥⑧⑦⑧⑧⑧⑨⑨⓪⑨①⑨②⑨③⑨④⑨⑤⑨⑥⑨⑦⑨⑧

イラストは左側の部分です。
カッコ内の番号に従って、右側の部分も同様に組み立てます。

⑧⑦(⑨④)
手前に起こす
⑧⑧
⚠ 部品の上下に注意

⑧⑦(⑨④)
⑧②(⑧⑨)
⚠ 下端を揃える

⑧④(⑨③)
⑧⑤(⑨①)
⑧⑥(⑨②)

H

⑨⑥
⑨⑤

⑨⑧
⑨⑦
⚠ 取り付け方向に注意！
▲印を基準にしてのりづけ

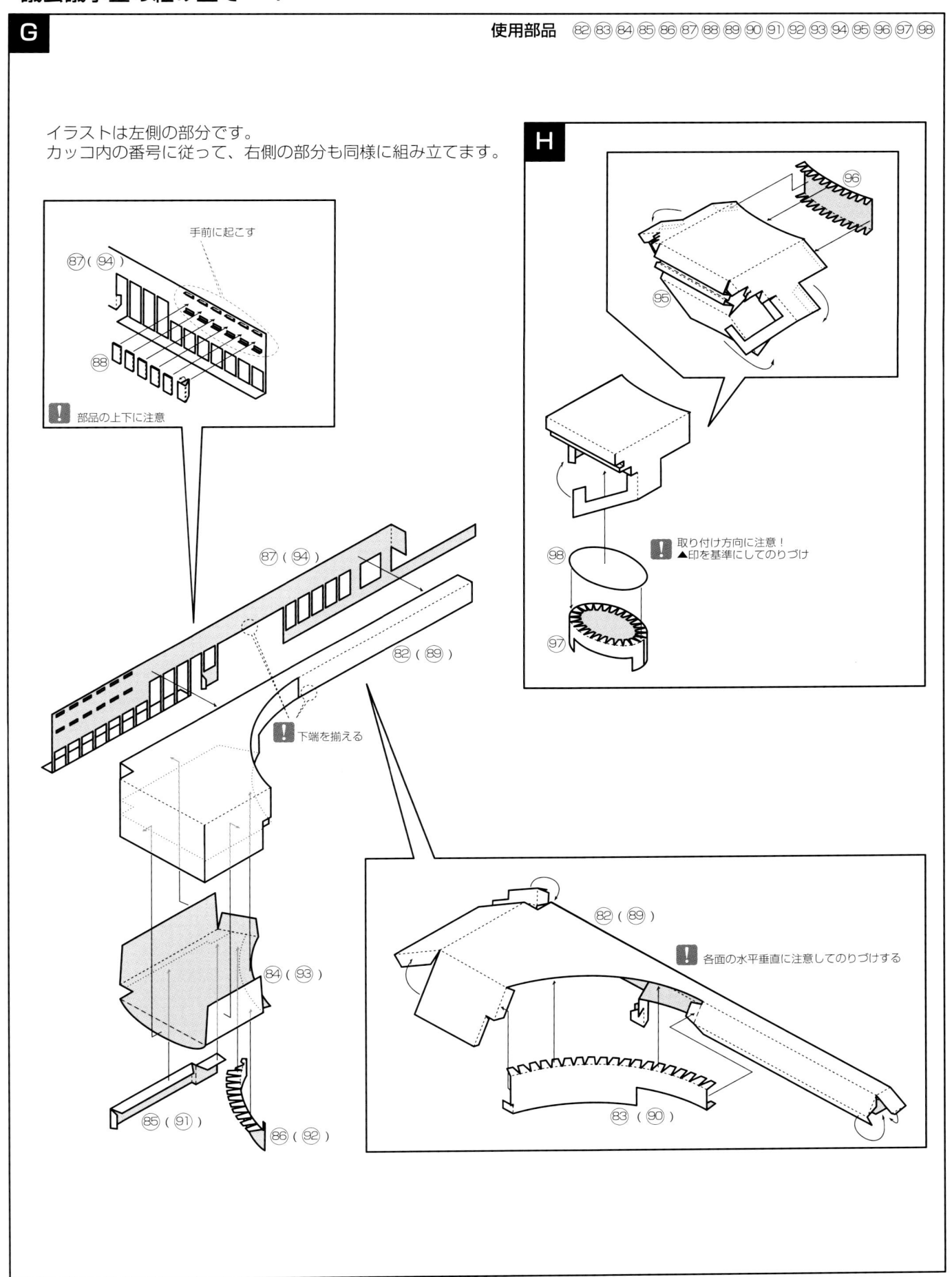

⑧②(⑧⑨)
⚠ 各面の水平垂直に注意してのりづけする
⑧③(⑨⓪)

議会議事堂の組み立て -2-

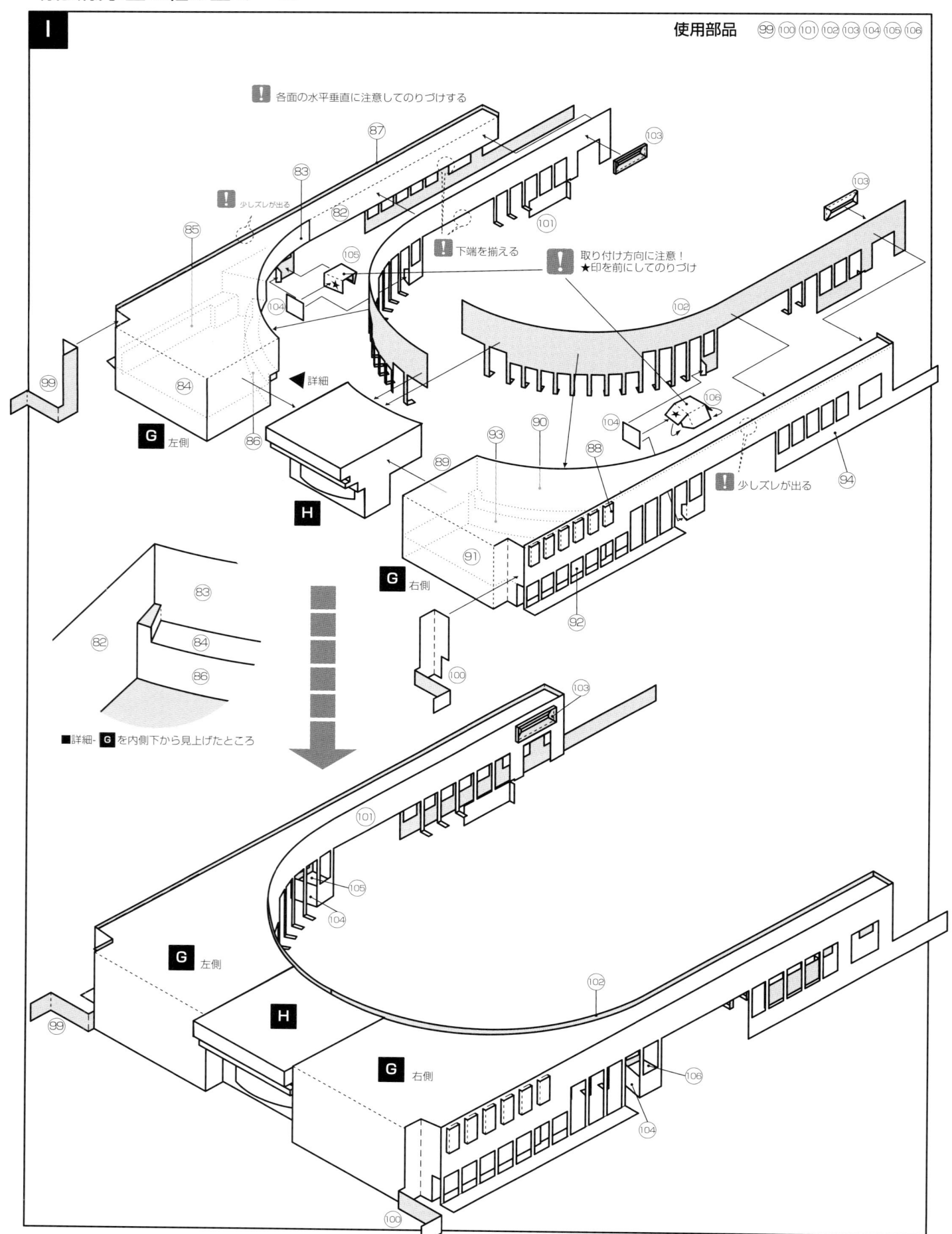

I 使用部品 99 100 101 102 103 104 105 106

⚠ 各面の水平垂直に注意してのりづけする
⚠ 少しズレが出る
⚠ 下端を揃える
⚠ 取り付け方向に注意！ ★印を前にしてのりづけ
⚠ 少しズレが出る

G 左側
G 右側
H
◀ 詳細

■詳細-**G** を内側下から見上げたところ

議会議事堂の組み立て -3-

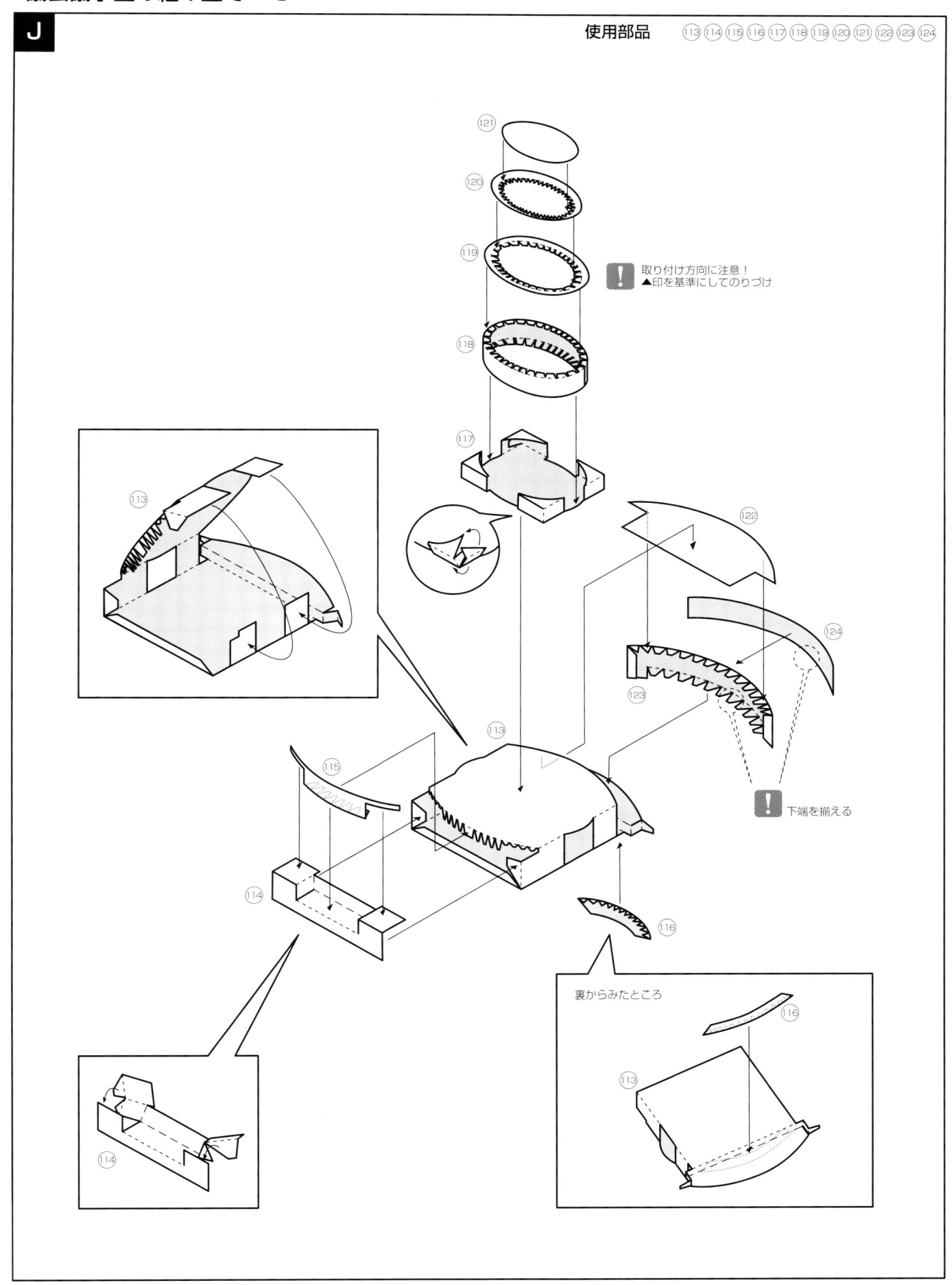

J

使用部品　⑬⑭⑮⑯⑰⑱⑲⑳㉑㉒㉓㉔

取り付け方向に注意！
▲印を基準にしてのりづけ

下端を揃える

裏からみたところ

議会議事堂の完成

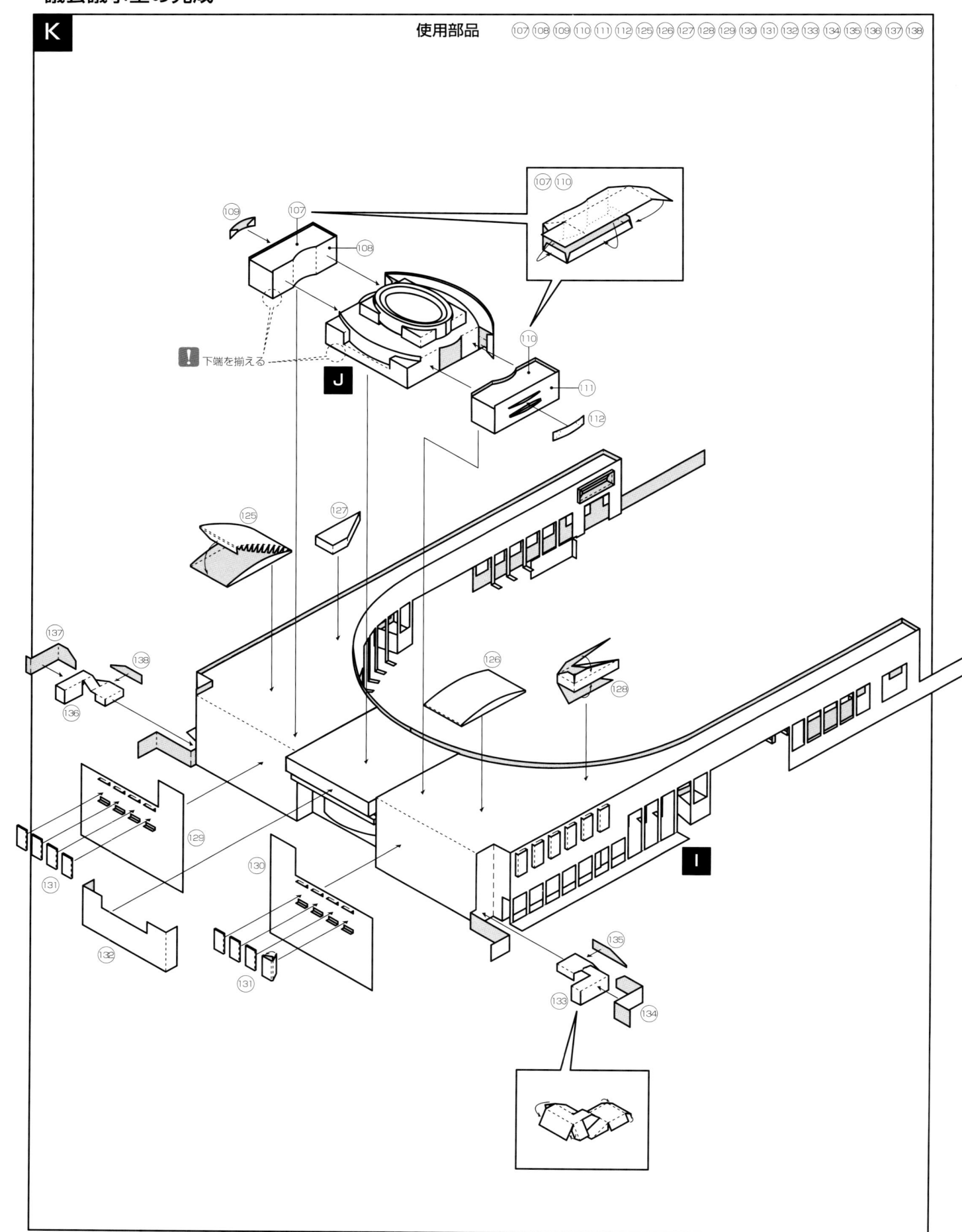

K 使用部品 ⑩⑦⑩⑧⑩⑨⑪⑩⑪⑪⑫⑫⑤⑫⑥⑫⑦⑫⑧⑫⑨⑬⑩⑬①⑬②⑬③⑬④⑬⑤⑬⑥⑬⑦⑬⑧

! 下端を揃える

道路・広場の組み立て -1-

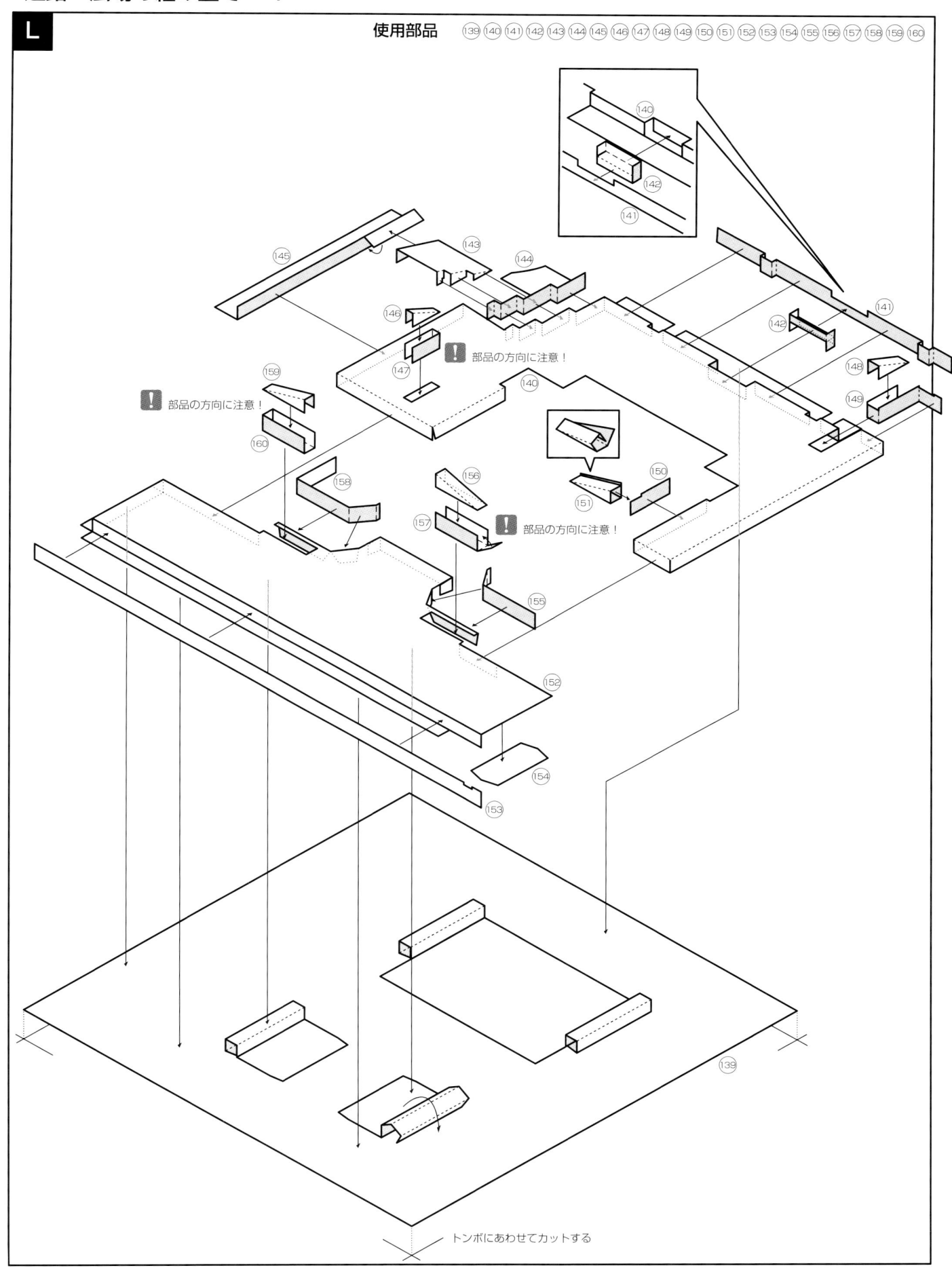

L

使用部品 ⑬⑨ ⑭⓪ ⑭① ⑭② ⑭③ ⑭④ ⑭⑤ ⑭⑥ ⑭⑦ ⑭⑧ ⑭⑨ ⑮⓪ ⑮① ⑮② ⑮③ ⑮④ ⑮⑤ ⑮⑥ ⑮⑦ ⑮⑧ ⑮⑨ ⑯⓪

⚠ 部品の方向に注意！

⚠ 部品の方向に注意！

⚠ 部品の方向に注意！

トンボにあわせてカットする

道路・広場の組み立て -2-

M 使用部品 ⑯⑯②⑯③⑯④⑯⑤⑯⑥⑯⑦⑯⑨⑰⑰①⑰②⑰③⑰④⑰⑤⑰⑥⑰⑦⑰⑧⑰⑨⑱⑱①⑱②⑱③

部品の方向に注意！

トンボにあわせてカットする

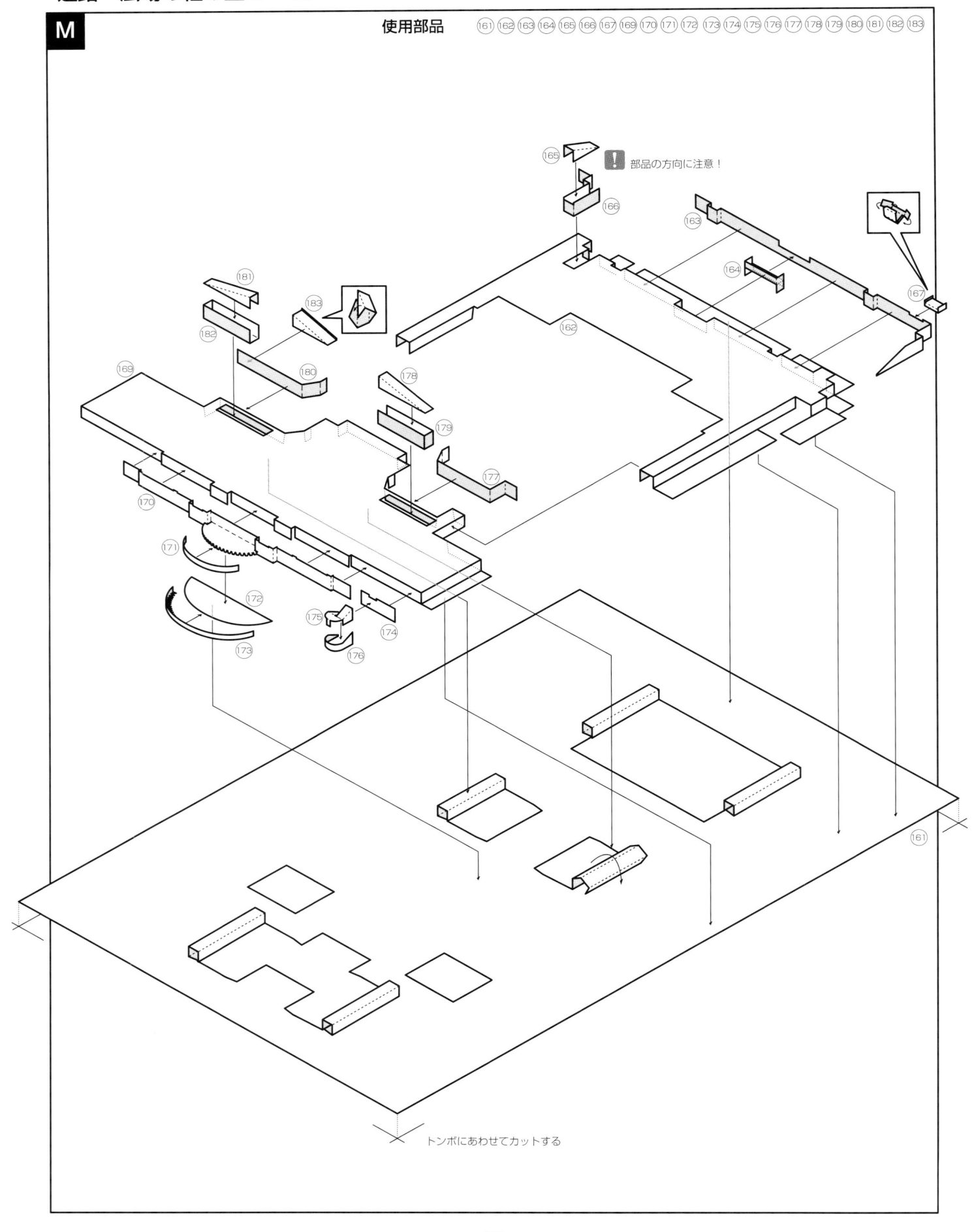

道路・広場の組み立て -3-

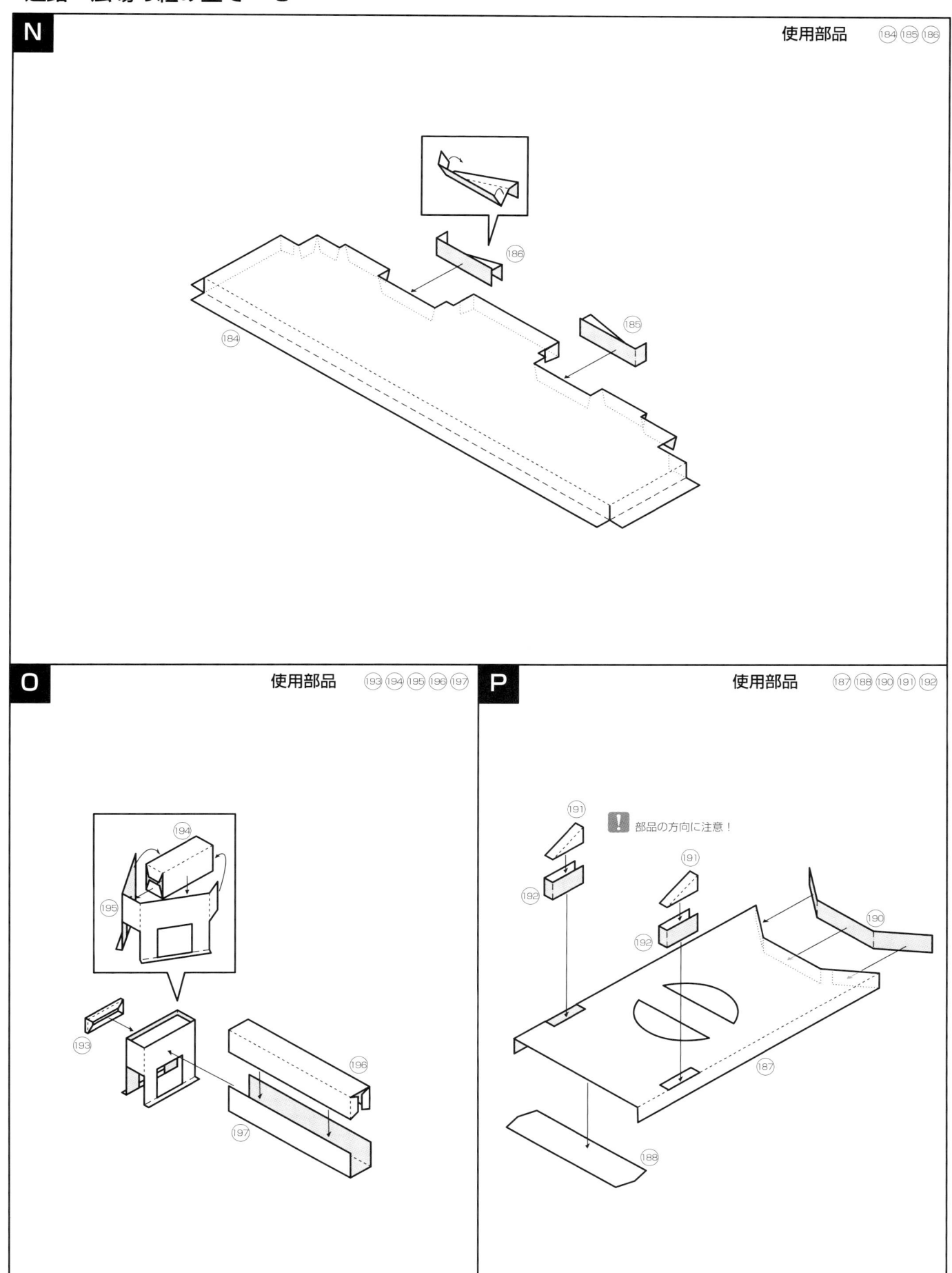

N　使用部品 ⑱④ ⑱⑤ ⑱⑥

O　使用部品 ⑲③ ⑲④ ⑲⑤ ⑲⑥ ⑲⑦

P　使用部品 ⑱⑦ ⑱⑧ ⑲⓪ ⑲① ⑲②

⚠ 部品の方向に注意！

完 成

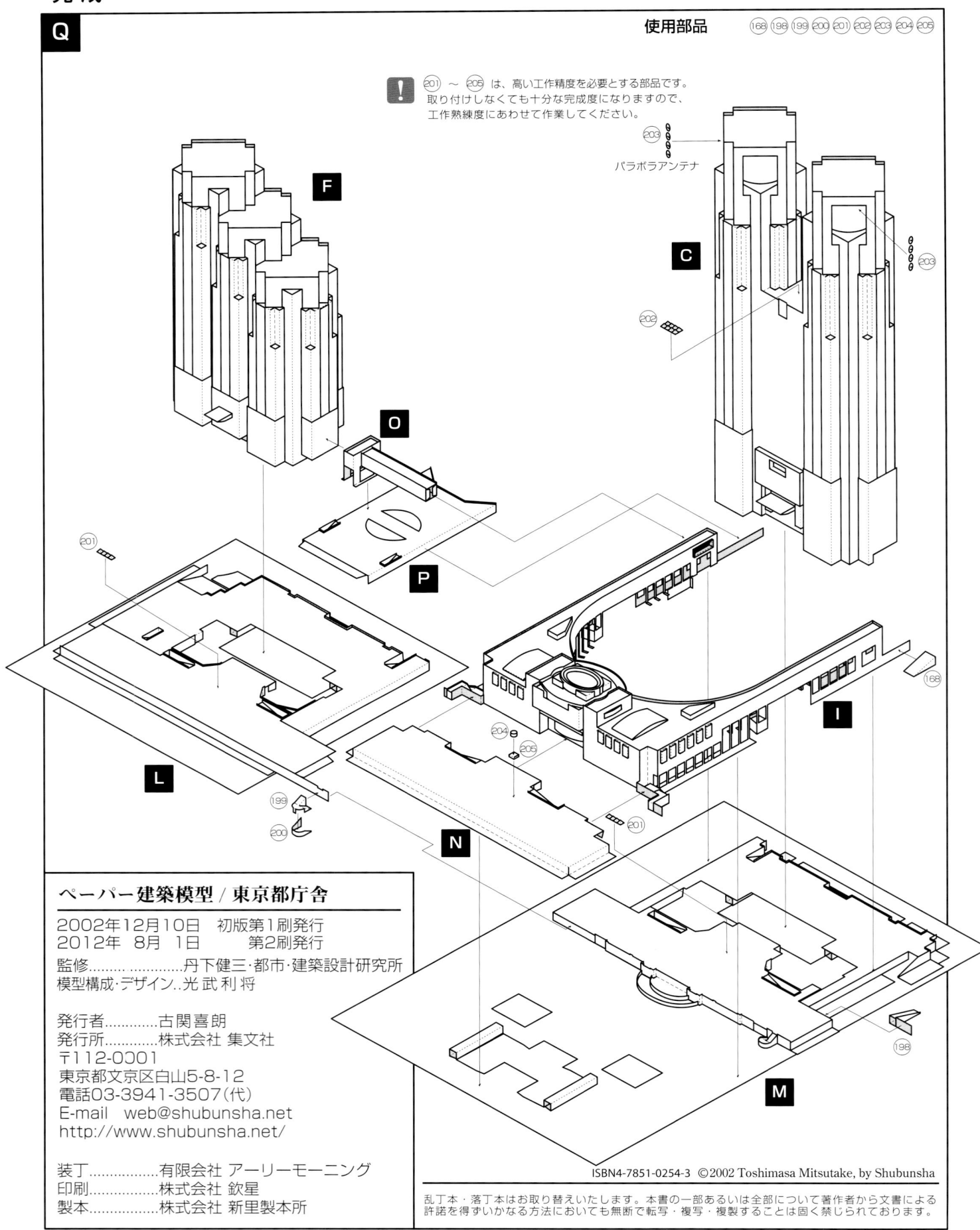

Q

使用部品 ⑯⑱⑲⑳㉑㉒㉓㉔㉕

⚠ ㉑〜㉕は、高い工作精度を必要とする部品です。
取り付けしなくても十分な完成度になりますので、
工作熟練度にあわせて作業してください。

パラボラアンテナ

ペーパー建築模型／東京都庁舎

2002年12月10日　初版第1刷発行
2012年　8月　1日　　　　第2刷発行
監修................丹下健三・都市・建築設計研究所
模型構成・デザイン..光 武 利 将

発行者............古関喜朗
発行所............株式会社 集文社
〒112-0001
東京都文京区白山5-8-12
電話03-3941-3507(代)
E-mail　web@shubunsha.net
http://www.shubunsha.net/

装丁................有限会社 アーリーモーニング
印刷................株式会社 欽星
製本................株式会社 新里製本所

ISBN4-7851-0254-3　©2002 Toshimasa Mitsutake, by Shubunsha

乱丁本・落丁本はお取り替えいたします。本書の一部あるいは全部について著作者から文書による
許諾を得ずいかなる方法においても無断で転写・複写・複製することは固く禁じられております。

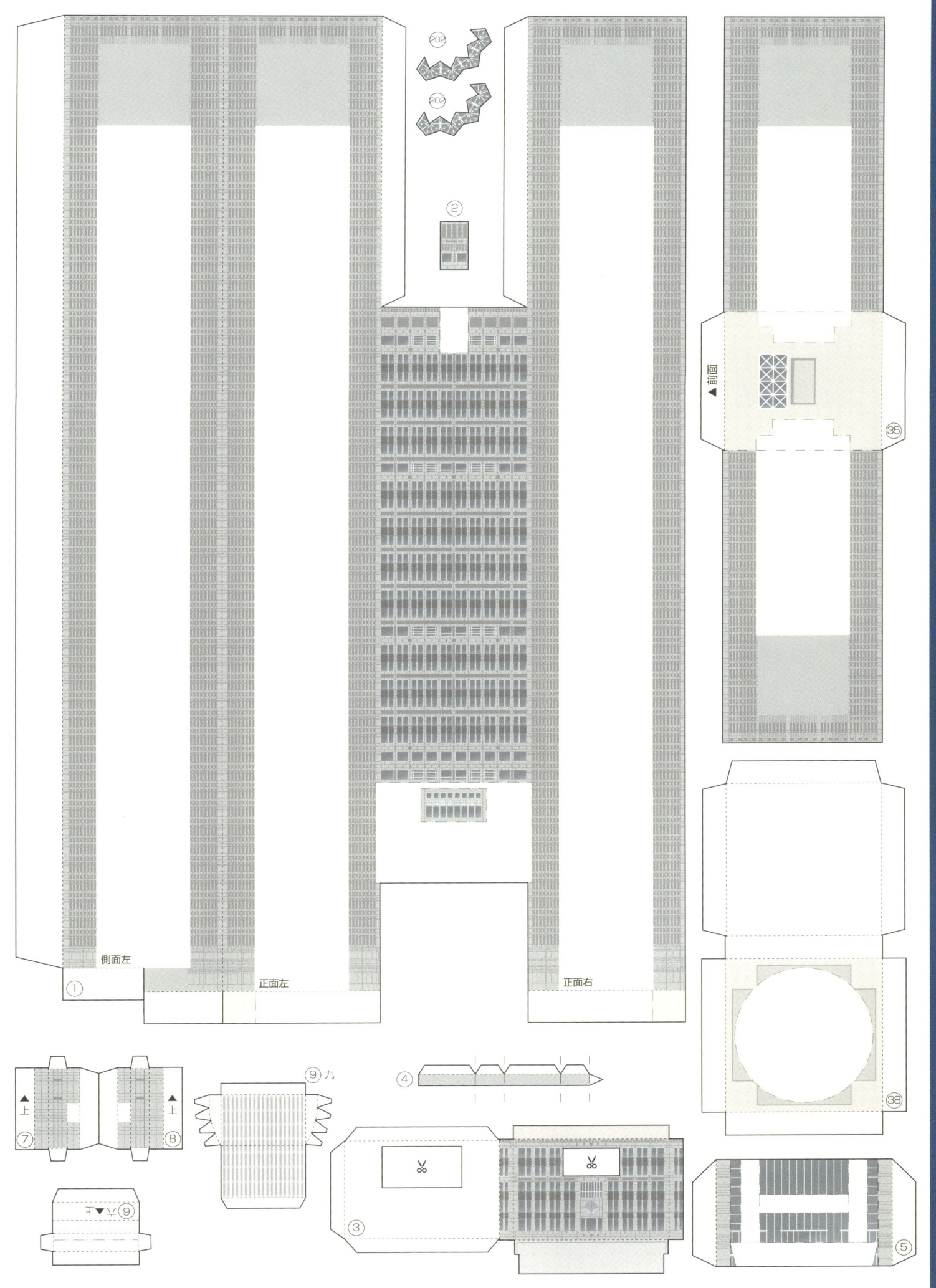

ペーパー建築模型 / 東京都庁舎　SHEET NO.1

ペーパー建築模型 / 東京都庁舎

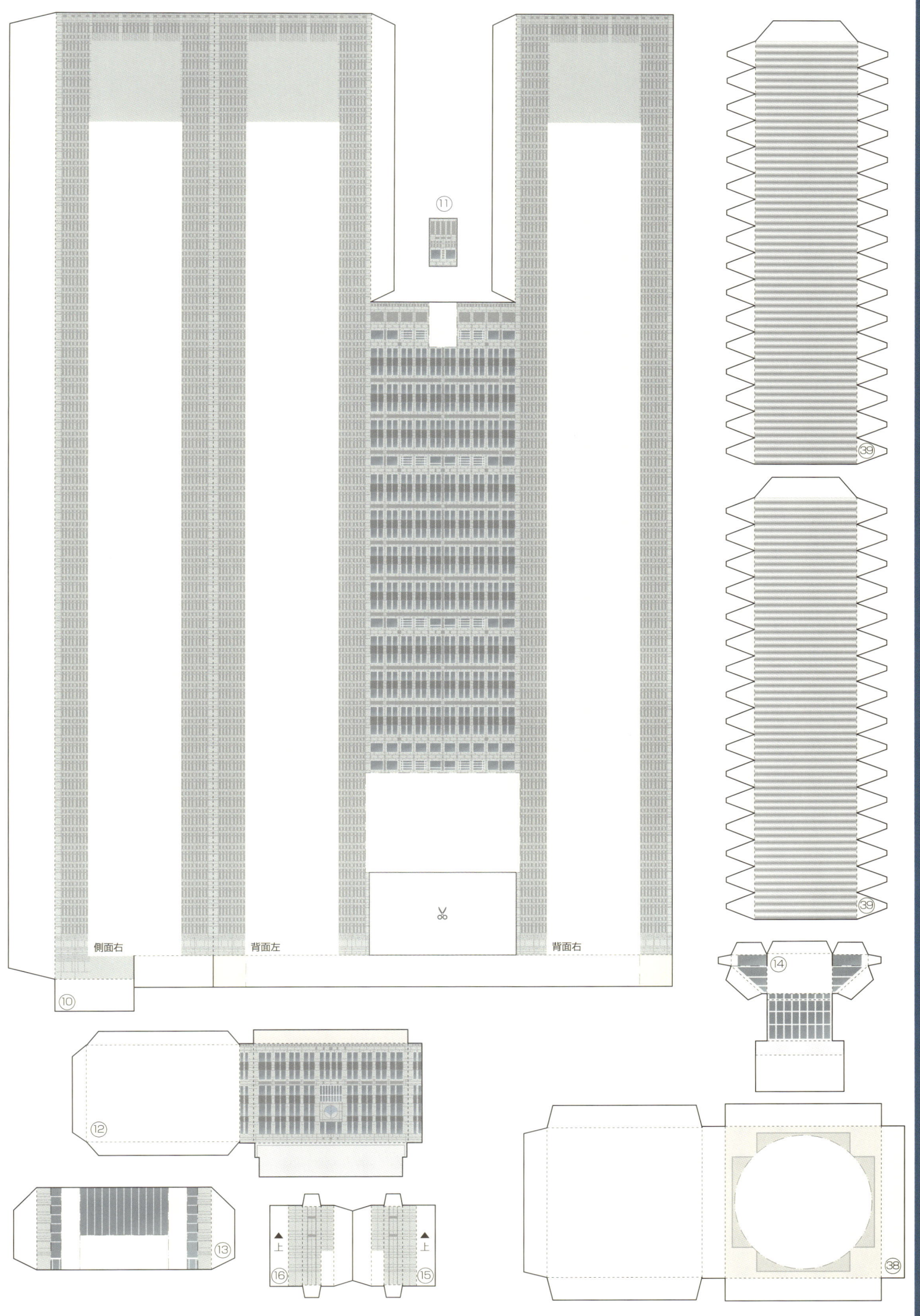

⑩⑪⑫⑬⑭⑮⑯㊳�439
SHEET NO.2

ペーパー建築模型 / 東京都庁舎

⑰ 正面左　⑱ 正面左　⑳ 正面右　㉑ 正面右

⑰⑱⑳㉑㊱㊲ SHEET NO.3

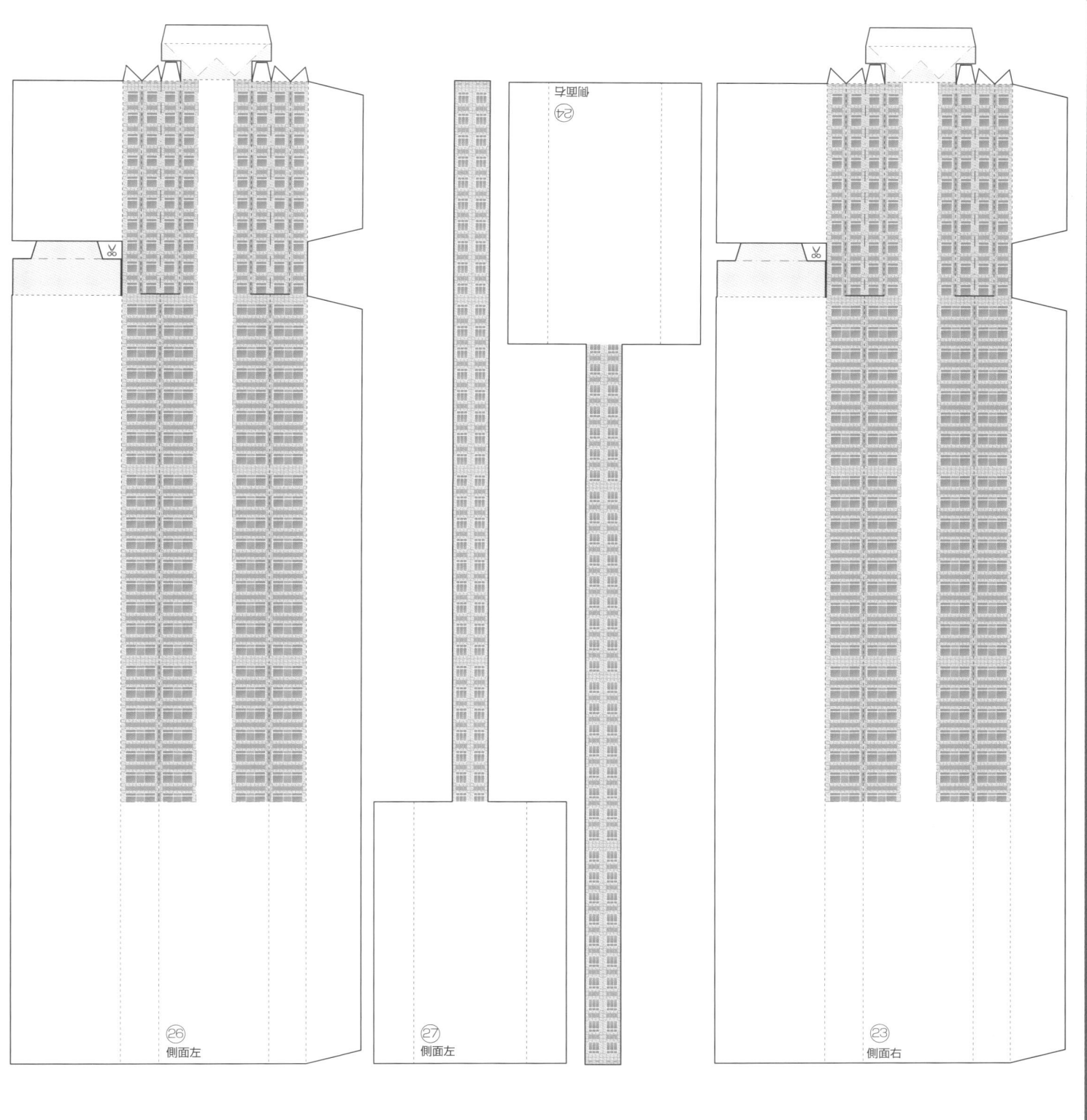

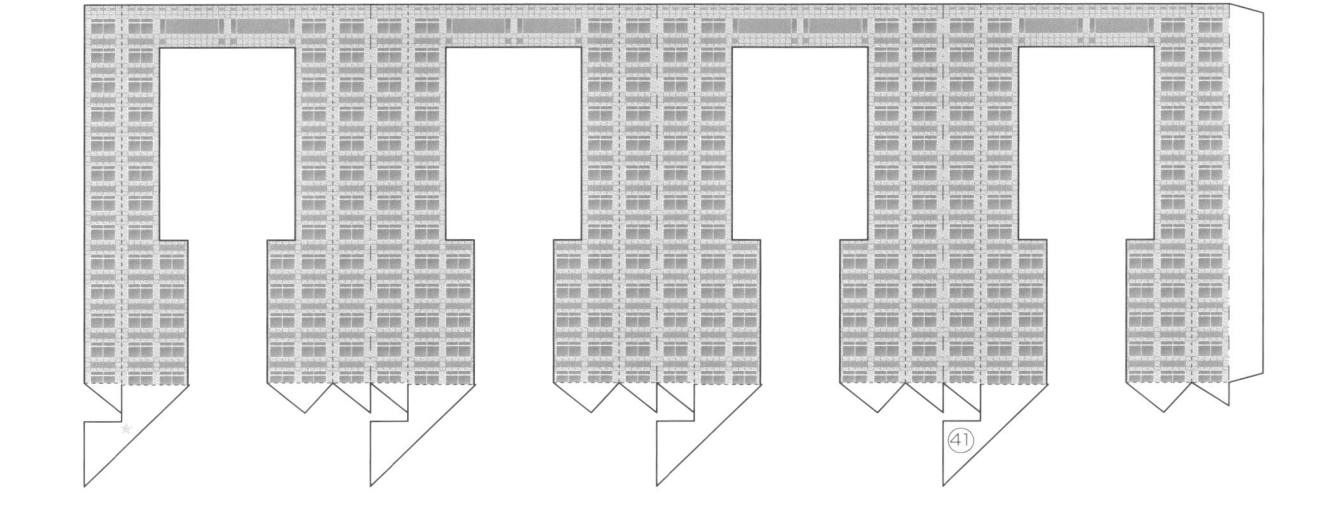

ペーパー建築模型／東京都庁舎

㉖ 側面左　㉗ 側面左　㉔ 側面右　㉓ 側面右

㊶

㉓㉔㉖㉗㊶ SHEET NO.4

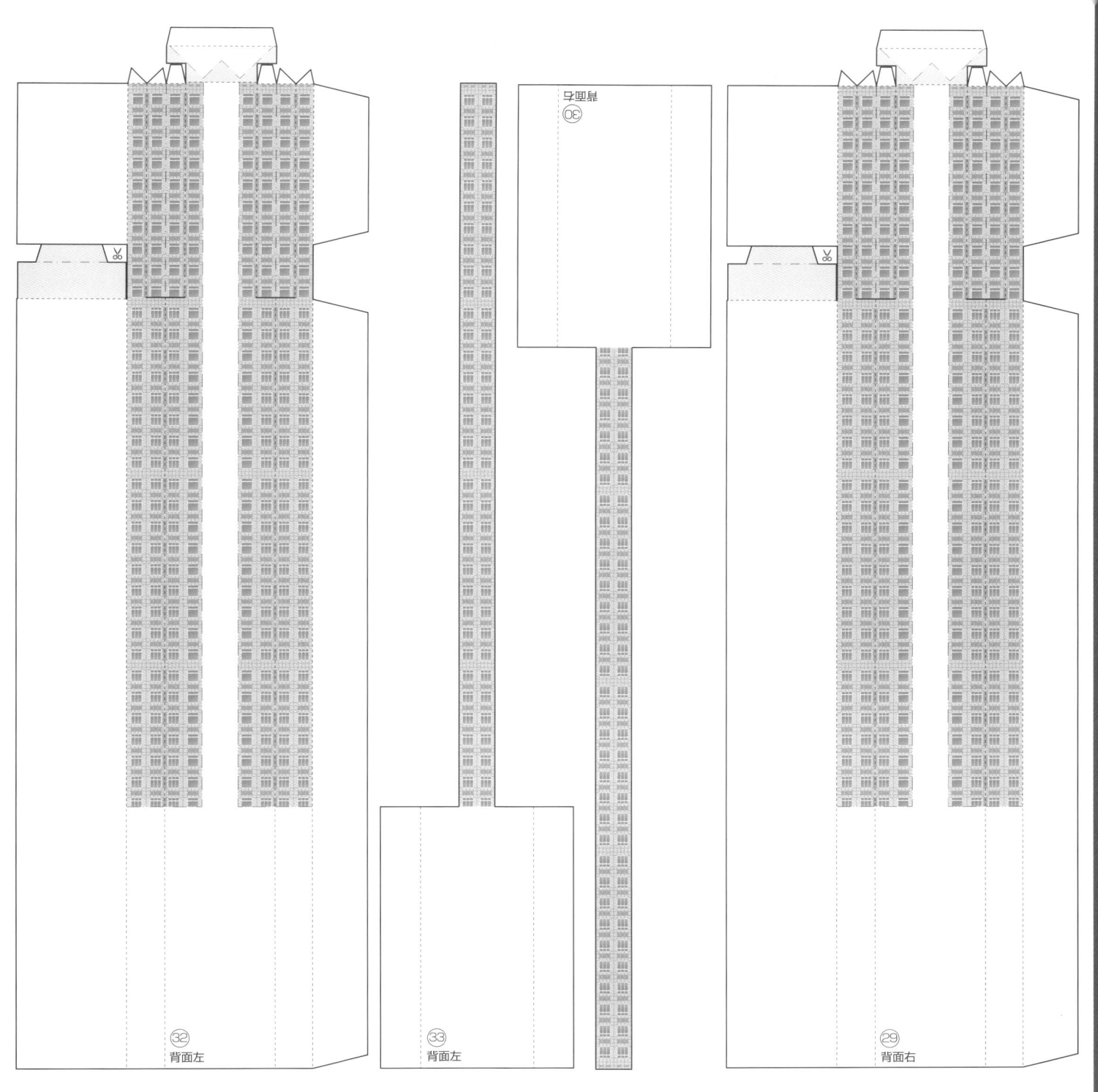

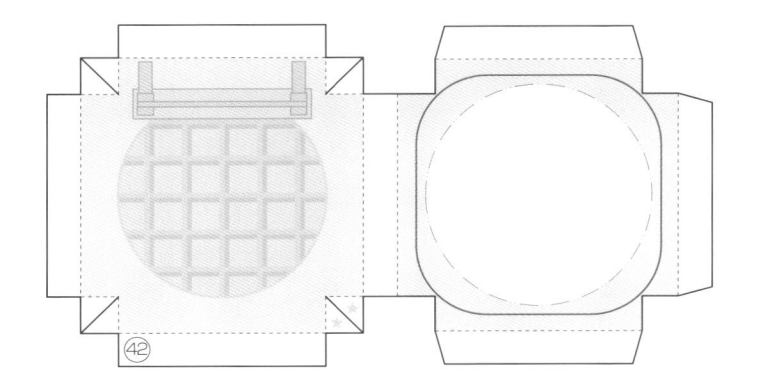

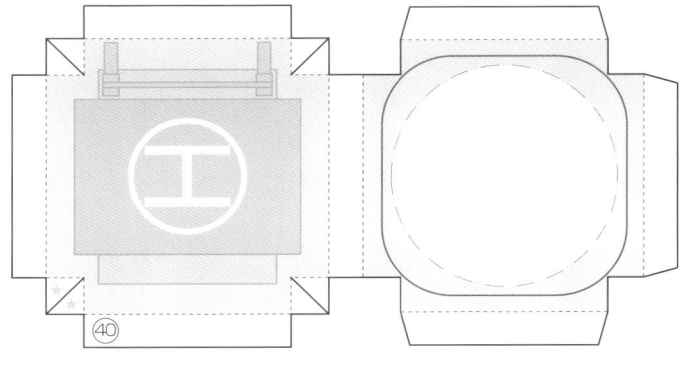

ペーパー建築模型 / 東京都庁舎

㉙ ㉚ ㉜ ㉝ ㊵ ㊷
SHEET NO.5

㉜ 背面左
㉝ 背面左
㉚ 背面右
㉙ 背面右

㊷
㊵

ペーパー建築模型 / 東京都庁舎

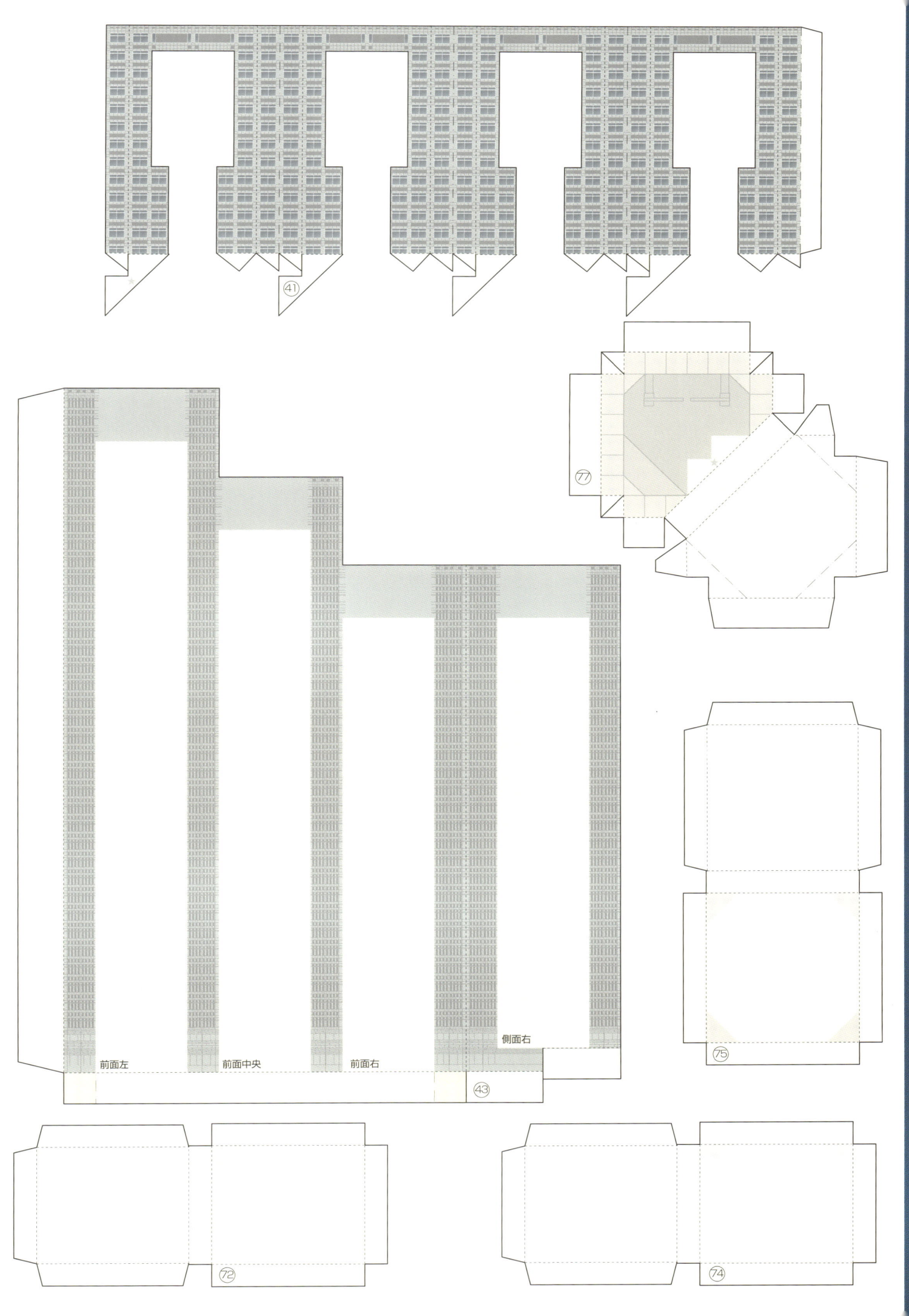

前面左 ㊶
前面中央
前面右
側面右 ㊸
㊲ ㊵ ㊹ ㊻

SHEET NO.6

ペーパー建築模型 / 東京都庁舎

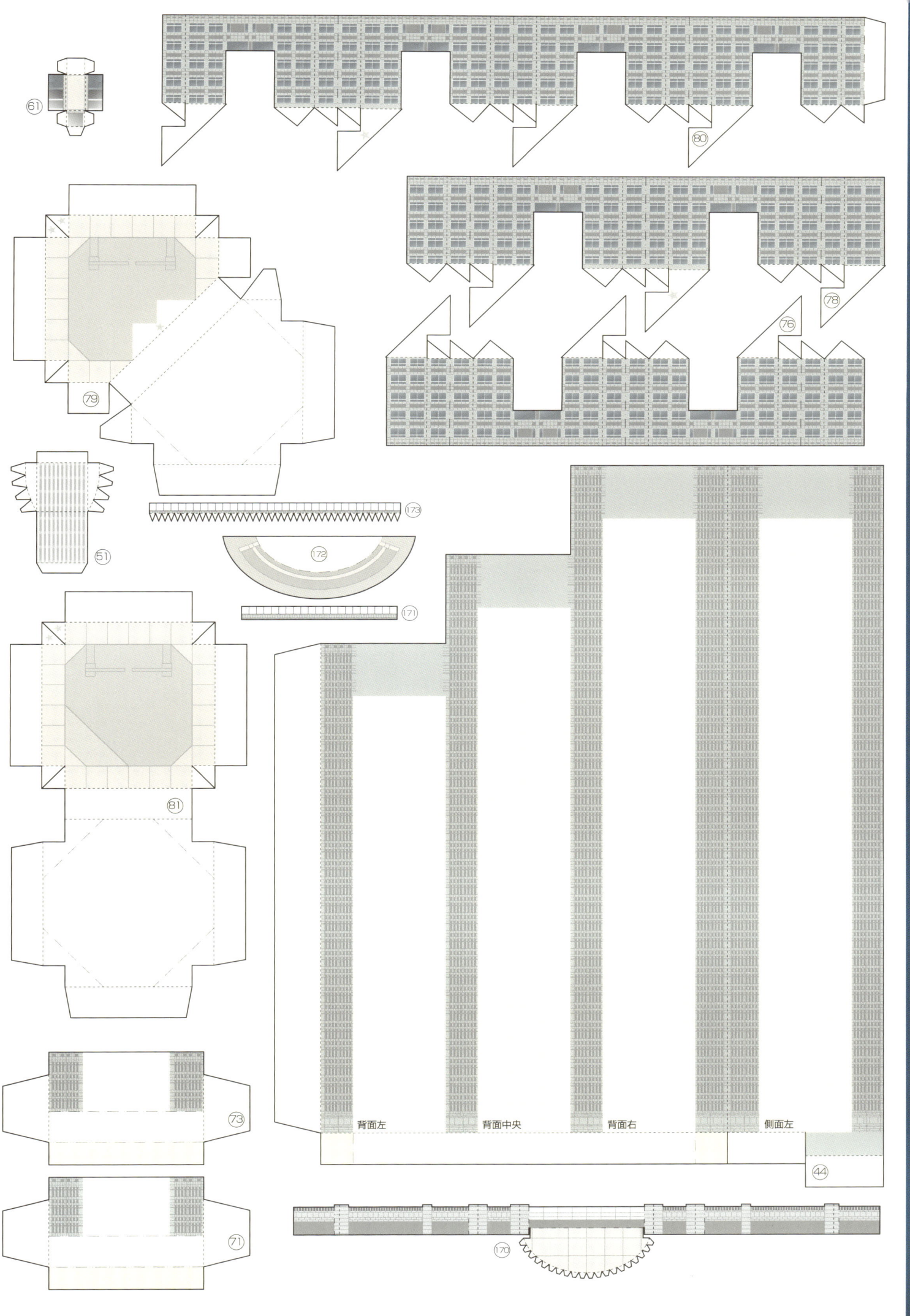

背面左　背面中央　背面右　側面左

㊹㊱㊿㊶㊷㊸㊹㊺㊻㊼㊽⑰⑰⑰

SHEET NO.7

ペーパー建築模型 / 東京都庁舎

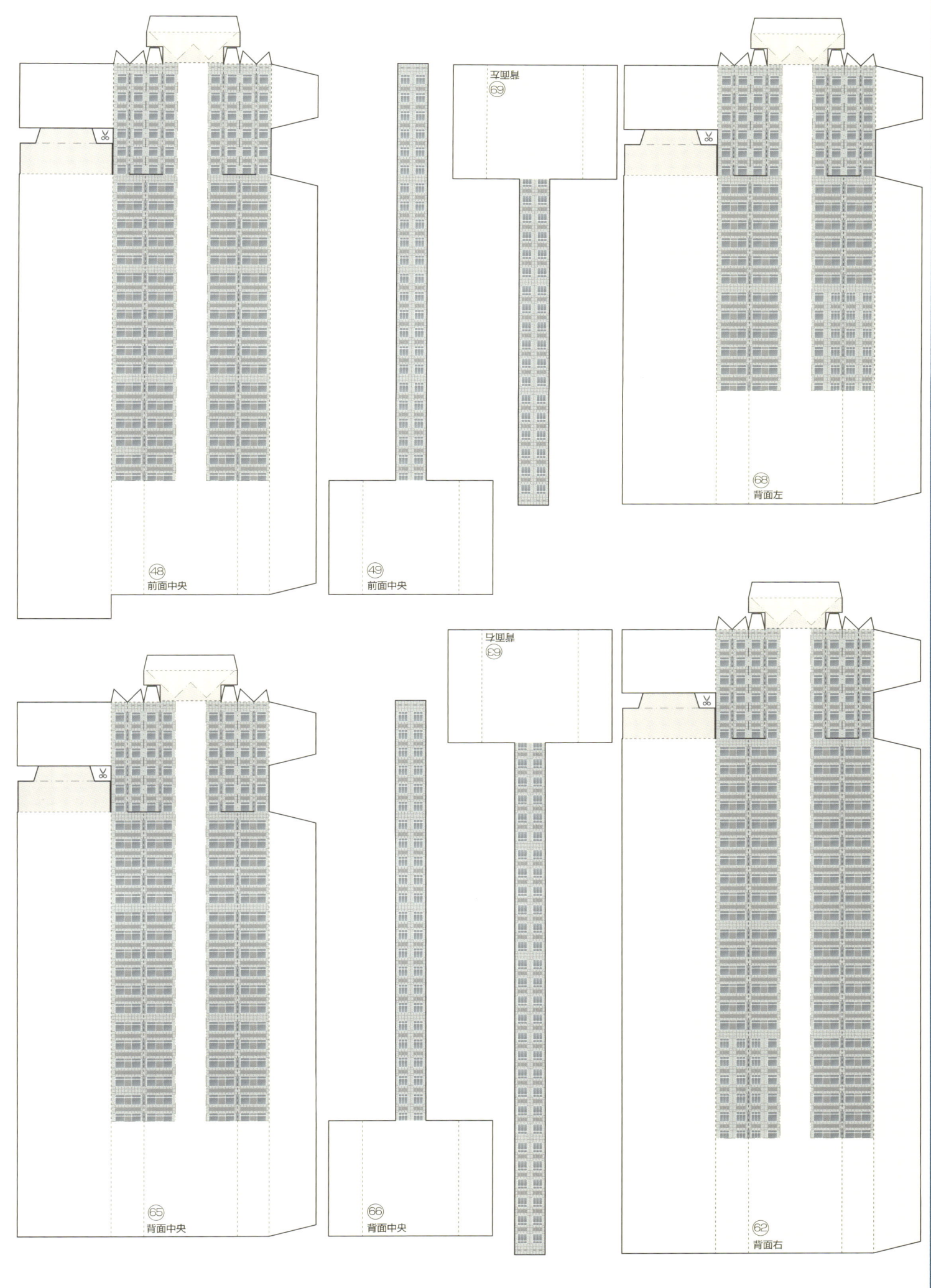

㊽ 前面中央
㊾ 前面中央
㊻ 平面図
㊽ 背面左
㊿ 背面中央
㊻ 背面中央
㊽ 平面図
㊺ 背面右

SHEET NO.8

ペーパー建築模型 / 東京都庁舎

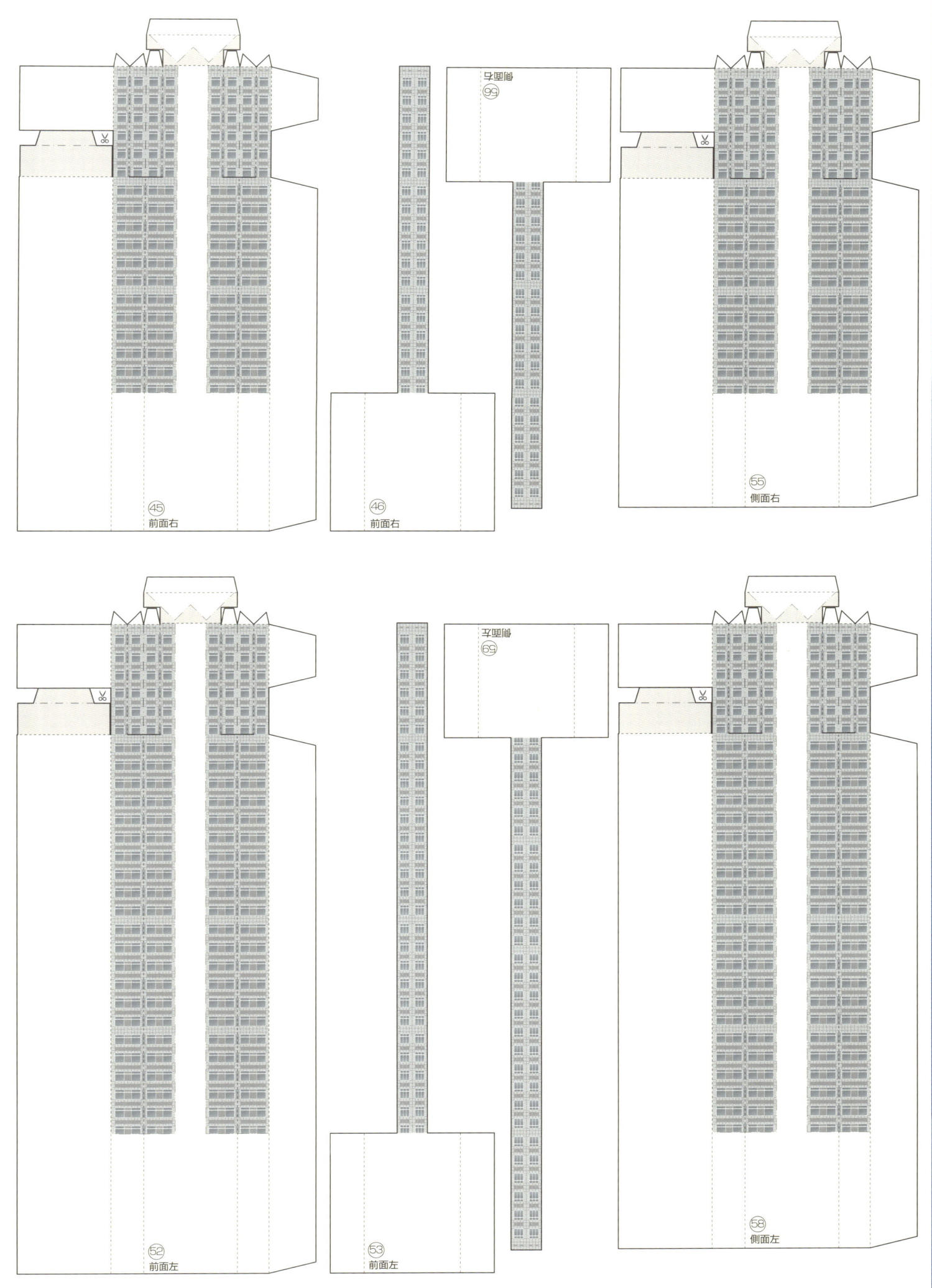

㊺ 前面右
㊻ 前面右
55 側面右
52 前面左
53 前面左
58 側面左
56 側面左
59 側面左

㊺㊻㊾㊽㊾㊾㊾㊾

SHEET NO.9

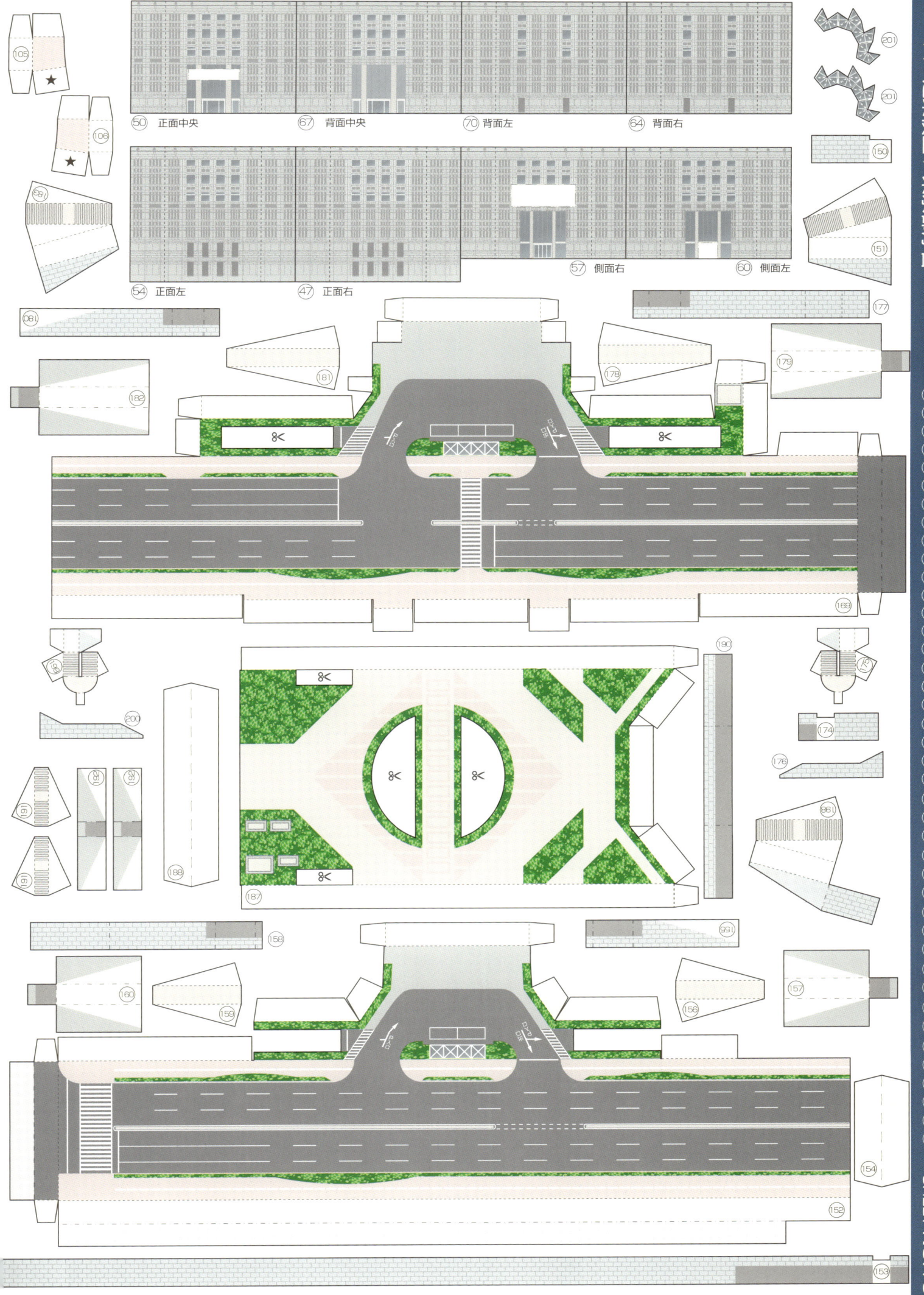

ペーパー建築模型 / 東京都庁舎　SHEET NO.10

ペーパー建築模型 / 東京都庁舎

SHEET NO.11

(140)(141)(142)(143)(144)(145)(146)(147)(148)(149)(152)(163)(164)(165)(166)(167)(168)(169)(203)

ペーパー建築模型 / 東京都庁舎

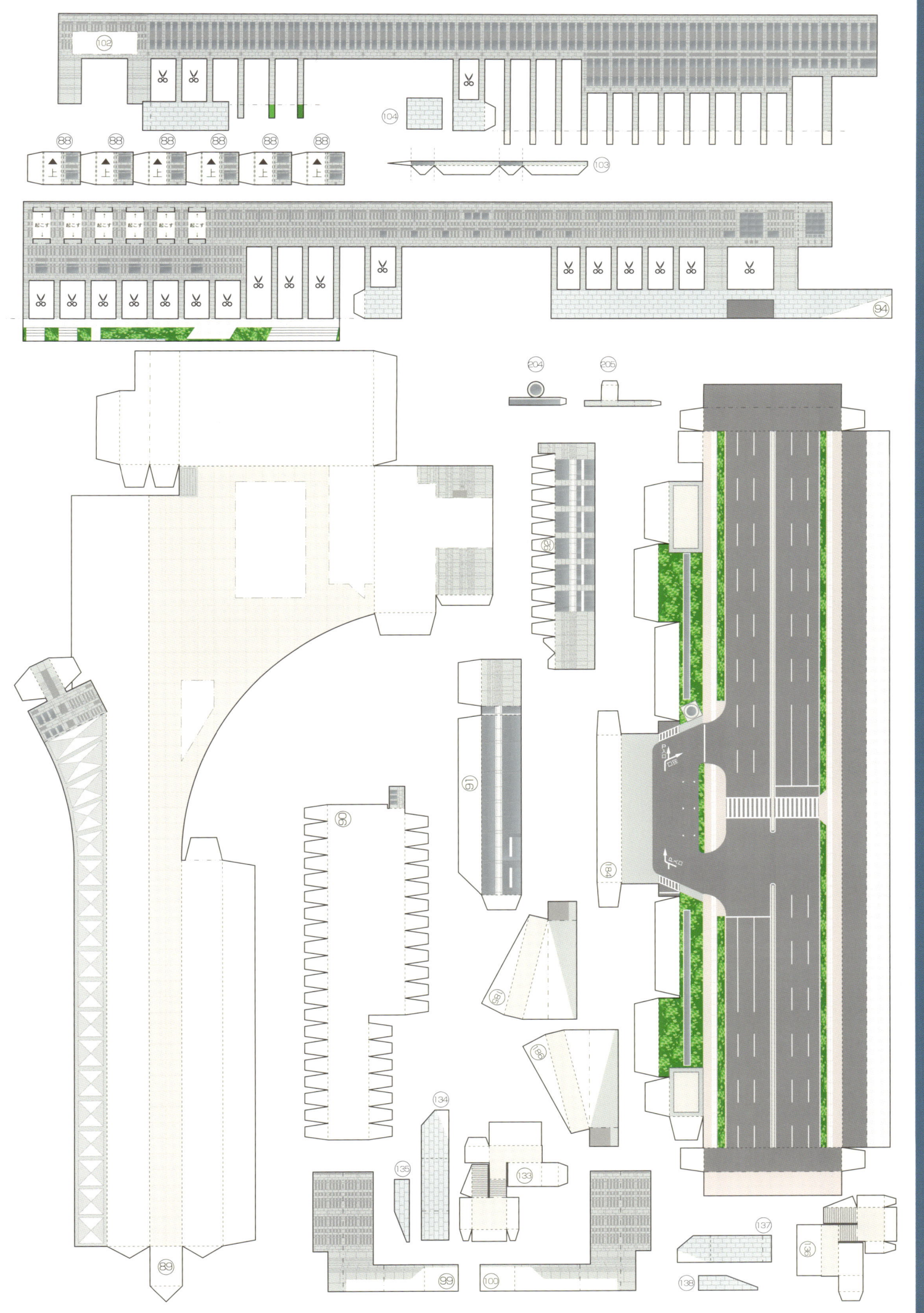

SHEET NO.12

ペーパー建築模型 / 東京都庁舎

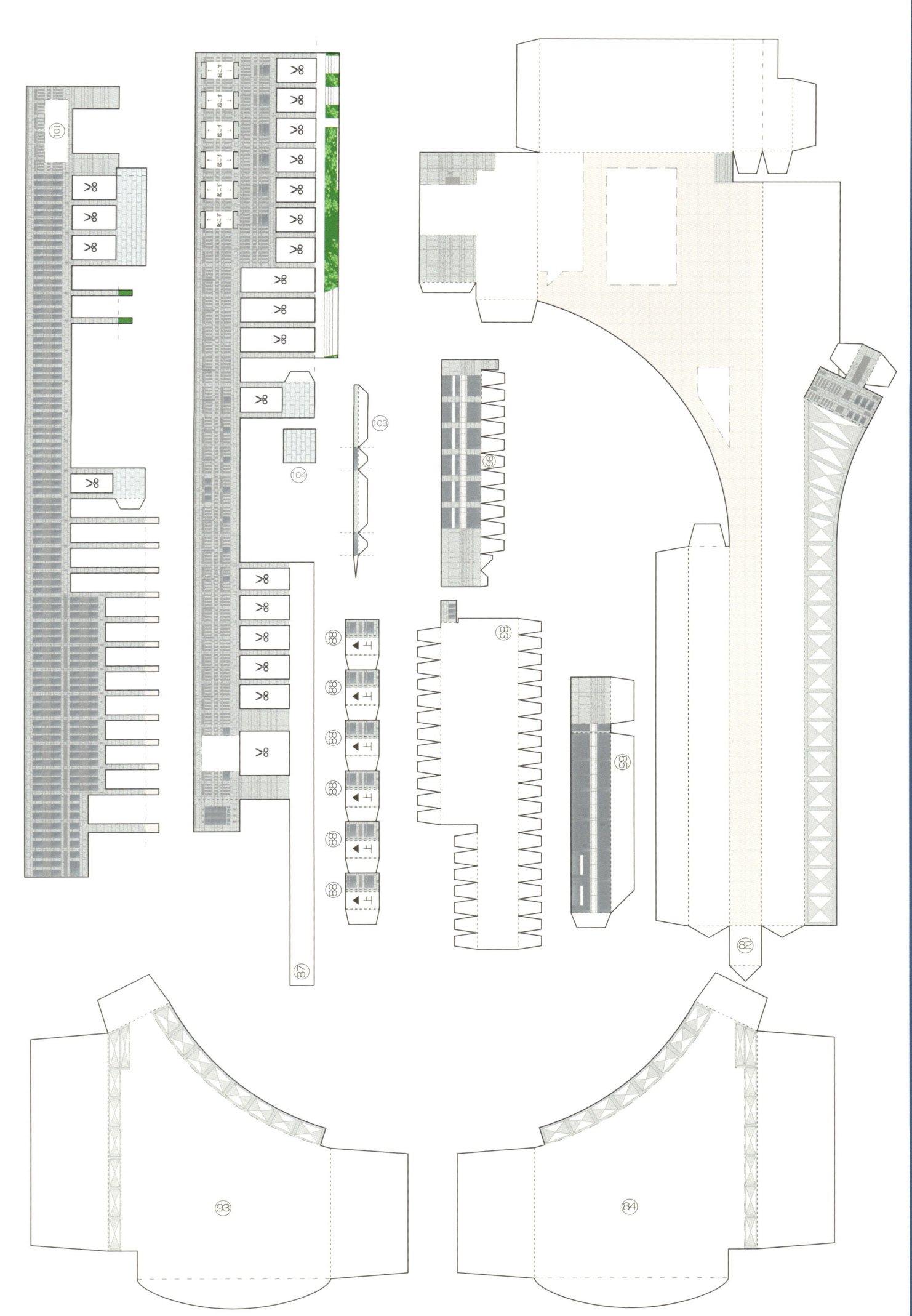

SHEET NO.13

82 83 84 85 86 87 88 93 101 103 104

ペーパー建築模型 / 東京都庁舎

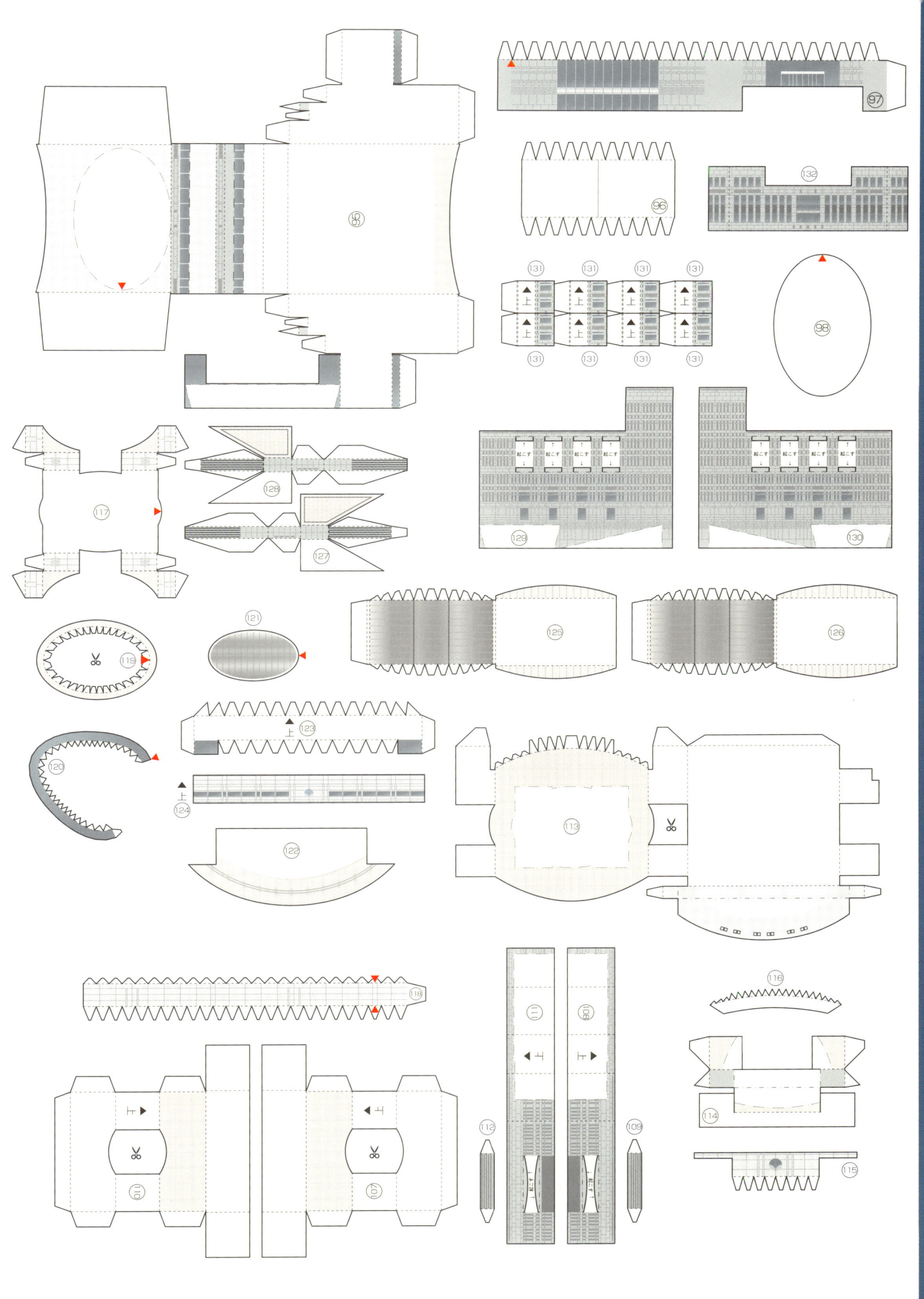

SHEET NO.14

ペーパー建築模型 / 東京都庁舎

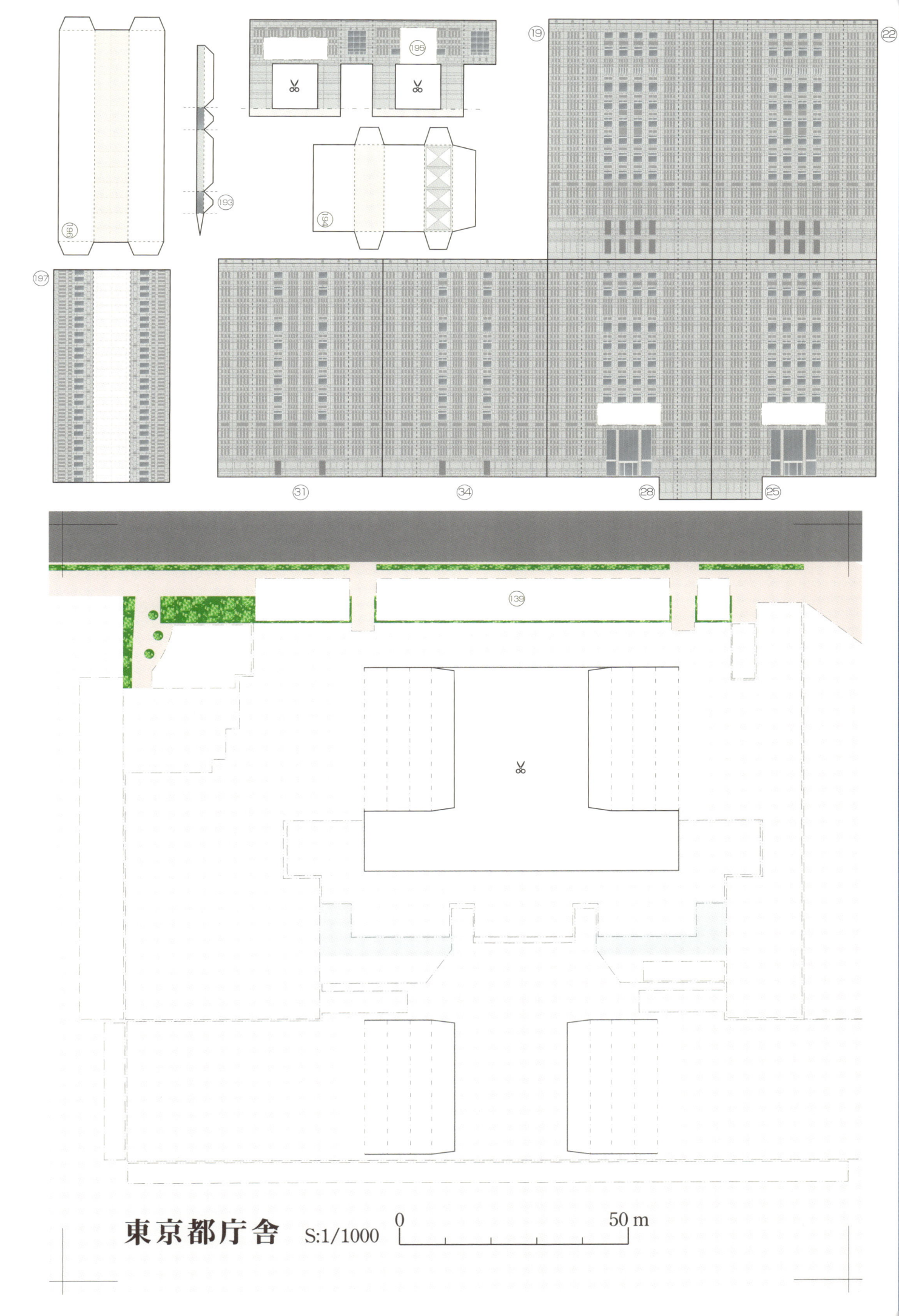

東京都庁舎　S:1/1000

SHEET NO.15

ペーパー建築模型 / 東京都庁舎

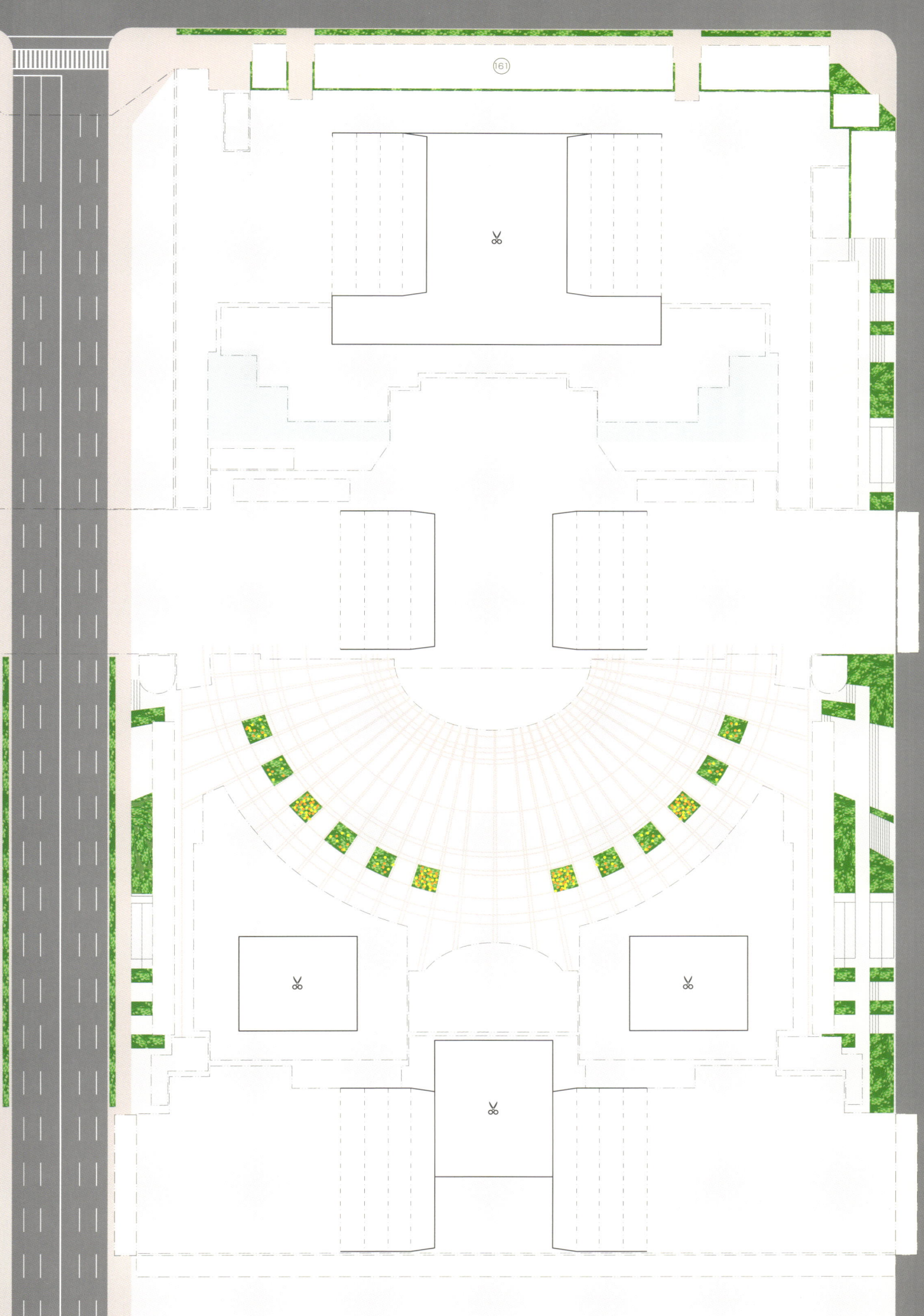

⑯ SHEET NO.16